中青年经济与管理学者文库

山东省自然科学基金青年项目（项目编号：ZR2023QG030）

董事会非正式层级对企业并购的影响研究

王霞　著

U0823432

中国财经出版传媒集团
中国财政经济出版社
·北京·

图书在版编目（CIP）数据

董事会非正式层级对企业并购的影响研究 / 王霞著.
北京 : 中国财政经济出版社, 2025. 3. -- (中青年经济与管理学者文库). -- ISBN 978-7-5223-3795-1

Ⅰ. F279.21

中国国家版本馆CIP数据核字第2025UD4575号

责任编辑：马　真　　　　责任校对：张　凡

封面设计：智点创意　　　责任印制：史大鹏

董事会非正式层级对企业并购的影响研究

DONGSHIHUI FEIZHENGSHI CENGJI DUI QIYE BINGGOU DE YINGXIANG YANJIU

中国财政经济出版社 出版

URL：http：//www. cfeph. cn

E－mail：cfeph@ cfeph. cn

社址：北京市海淀区阜成路甲 28 号　邮政编码：100142

营销中心电话：010－88191522

天猫网店：中国财政经济出版社旗舰店

网址：https：//zgczjjcbs. tmall. com

涿州汇美亿浓印刷有限公司印刷　各地新华书店经销

成品尺寸：147mm×210mm　32 开　8. 625 印张　200 000 字

2025 年 3 月第 1 版　2025 年 3 月河北第 1 次印刷

定价：40. 00 元

ISBN 978－7－5223－3795－1

（图书出现印装问题，本社负责调换，电话：010－88190548）

本社质量投诉电话：010－88190744

打击盗版举报热线：010－88191661　QQ：2242791300

策划人语

题记：一个人的精神成长史，取决于他的阅读史。只有阅读能最有效地培养精神生活习惯，而好的习惯又培养性格，性格决定人生。

——我们自豪，因为我们就是创造这精神产品的人。

选择了飞翔，总能看到蓝天；选择了远航，总能感受大海。人生不仅要作出选择，也要坚持住自己的选择。学会计、当编辑是我的意外选择。人说编辑是为人作嫁，可是这一选择我坚持了30年，苦在其中，乐在其中，也算是有声有色。每当我把一本本好书呈献给人们的时候，我觉得我是“富贵”的人：富，不是你身上的钱财，而是你心里的满足；贵，不是你地位的显赫，而是你被人需要的程度。

书海探寻，情怀永恒

我要说，做编辑我幸运，因为我不仅是第一个读者，可以对作品“品头论足”，也可以对作品“生杀予夺”；更重要的是，这是一个有很高层次的平台，在多年与名家的交往和名著的“对话”中，深深地为他们的人格和才学所感动，被作品的精彩所吸引，这不仅使我“下笔如有神”，更使我的思想和灵魂也受到一次次洗礼和震撼，得到一次次升华。对于我的作者我的书，如数家珍，作者中不乏才学和为人同样过人的多位泰斗和“颜值高责任大”的众多才子佳人；策划的作品不仅立足专业还兼顾人文，也是情怀所在，专业加人文路才会更宽更远。

多年的体会是，作为一名编辑，起码要“三心二意”，即“责任心、细心、耐心”和“服务意识、创新意识”。要多策划一些拳头产品，用一个选题推动一个系统工程，用一个系统工程培养一个出版社品牌。给新入职编辑讲座时我做过一个比喻：编辑两项基本功，审稿——甚至要比博导审批学生论文还要全面、细致；选题策划——要像电影导演一样做“星探”，善于发现优秀作者和挖掘好的原创作品。记不清30年来我策划和编辑了多少书，组织和策划了大批教材、业务培训用书、通俗读物、理论专著等，有的获得过国家、省部级各类奖项，有的以其填补空白、社会热点、风格新颖、开拓尝试等特点受到读者的欢迎。正是：

一入书门情似海，
探寻经典职责在。
苦辣酸甜何其乐，
编辑人生也精彩。

想是问题，做是答案

众所周知，目前的图书出版业在行业竞争和纸质图书受到严重冲击的情况下，出版人无不感到莫大的危机。在这种背景下，我们还要积极应对，完善纸质图书的固有特质，拓宽纸媒的功能，挖掘出版内容和形式都精彩的原创作品，适应新形势下读者的更高需求。2017年至今，在新的时代环境下不断出新，我又策划了多套系列丛书和单本图书，不乏名家著作、教材、学术专著和实务丛书等，继续为扶持学术研究和总结实践最新成果，在高端研究与专业知识普及和应用之间搭建一座座有益的桥梁。

每一个时代的经济环境不同，理论研究和实务探索所需要解决的问题也有所差别。当前我国处于新的历史时期，市场环境和组织模式不断演变发展、推陈出新，经济、管理、财税等领域的新理论、新思想、新方法、新工具也层出不穷。乱花渐欲迷人眼，击水三千浪几何？这些领域的研究人员被时代赋予了更艰巨的责任，也面临着更高、更多元的要求，我们不仅要具备更广阔的学术视野，而且要有更严谨的学术思维。

输在犹豫，赢在行动

《中青年经济与管理学者文库》的作者，都是我国经济与管理领域的中坚力量，也是未来的大家。他们中有些人潜心从事理论研究，有些人则深耕在实务一线，但无论现实身份如何，视野全都没有被拘泥在“象牙塔”内。他们从不同视角对市场经济的不同要素进行细致审视，然后汇聚于“财经版”这面旗帜之下，相互碰撞，彼此激荡，力求在市场经济转型升级的关键时期留下最新鲜的“中国印记”。

这些经济与管理领域的中青年学者，就是我国市场经济发展的潜力与优势，他们的研究成果，不仅将引领市场经济的各个组成环节向更科学、更先进的方向发展，而且将成为我国政府和企业在未来经济世界扮演更重要角色的支点与动力。祝愿这些中青年学者能攀上更高的学术之山，走向更远的研究之路，也期待宏观、中观、微观各个层面的市场参与者都能从这套文库中得到切实的启发与指引，在全面深化改革、增强发展活力的关键时期，发挥正能量和积极作用，为经济社会发展增添新的动力！——这也是我策划此套丛书的初衷。

作始也简，毕也必巨

2021 年，是一个非凡之年，纵观世界风云，抗击疫情“风景这边独好”，“十四五”规划开局，我们喜迎建党百年。“其作始也简，其将毕也必巨。”从“开天辟地”“改天换地”到“翻天覆地”“惊天动地”，我们党经历了四个历史时期——救国大业、兴国大业、富国大业、强国大业，四件大事铸就了中国共产党百年辉煌。我们不禁感叹——风雨百年创辉煌，“天地”之间“有杆秤”。

2021 年，还是一个纪念之年，出版社成立 65 周年和我从事编辑工作 30 周年。65 年来，财经出版社始终坚持正确的舆论导向和鲜明的出版特色，努力为经济建设和财政工作服务，致力于为读者奉献经典作品，在中国财经出版传媒集团旗下发挥着更大的作用，取得更大的成就。作为一个有着 20 多年党龄的党员，我是生在新中国长在红旗下的幸运的一代，怀着对党无限的热爱和感恩，浓情做事、淡泊做人，用 30 年的情怀和坚守见证了出版业的转型，践行了编辑的天职，向党递交一份努力的答卷。

2017 年策划出版《中青年经济与管理学者文库》至今已 5 年，得到了众多中青年学者的热烈响应与大力支持，文库诞生至今已囊括专著60余种，为中青年学者们提供了展示学术研究成果的平台，作者队伍不断壮大，作品陆续出版。如果您认可，如果您有意愿，欢迎您和您的朋友加盟我们的作者队伍！在中国财经出版传媒集团的“旗舰”下，中国财政经济出版社这“老字号”，一定励精图治，谱写新的篇章。敬请关注“龙媒玉制新书坊”微信公众号，我们用“龙的精神，玉的品质”来助力您实现梦想！

策划人：樊清玉

邮箱：qingyuf@ sina. com

2021年12月31日

目录

第一章 导 论

第一节 研究背景与意义

一、研究背景

市场经济条件下，提升核心竞争力、追求企业长远发展是企业并购的基本动机，企业不仅能够通过并购直接获取被收购方的创新能力、先进技术等稀缺资源，而且能够通过并购实现规模扩张，提高经营效率、管理效率和财务效率，获取协同价值。同时，并购重组也是产业结构调整、资源再配置、转变经济增长方式、实现经济高质量发展的重要途径。股权分置改革后，股票全流通增加了上市公司股票流动性，企业并购进入了新的发展时期。2016 年"十三五"规划提出要鼓励企业并购，通过并购形成集中度高、分工细化、协作高效的产业组织形态。2019 年中国证监会发布《关于修改〈上市公司重大资产重组管理办法〉

的决定》[①]，调整和优化并购重组的制度体系，进一步通过提高政策的“包容性”和“适应性”来激发市场活力，推动并购重组的健康发展，同时指出进一步严格规范并购重组上市行为，遏制并购重组“三高”问题[②]，治理内幕交易、市场操纵和“忽悠式”重组[③]等并购乱象。2020 年 10 月，国务院印发《关于进一步提高上市公司质量的意见》[④]，指出完善资产重组制度、收购和分拆上市制度，畅通并购重组等上市公司多元化退出机制。

在上述市场与制度背景下，我国企业并购的数量和规模快速增长，并购活动表现得十分活跃，如图 1－1 所示。近年来，我国并购市场年并购总规模均突破了万亿元人民币，其中，2016 年并购总规模达到 1.844 万亿元，2017 年并购总规模达到了 1.892 万亿元，2018 年和 2019 年并购规模有所回落，但年均总规模仍然突破万亿元。2020 年虽是“黑天鹅”事件[⑤]频发的一年，经济社会不确定性增强，但随着中国资本市场改革的逐步深入，“注册制”[⑥]

① 2019 年 10 月 18 日，中国证监会发布《关于修改〈上市公司重大资产重组管理办法〉的决定》，旨在准确把握市场规律，理顺重组上市功能，发挥资本市场服务实体经济功能作用，是落实全面深化资本市场改革总体方案的重要举措。

② 并购重组“三高”问题指的是高估值、高业绩承诺和高溢价。

③ “忽悠式”重组目前并无明确定义，主要指上市公司随意停复牌并释放渲染并购重组信号以此来推高股价，利益相关方借机减持后，再宣布重组失败，“忽悠式”重组成为监管方的监管重点。

④ 2020 年 10 月，国务院印发《关于进一步提高上市公司质量的意见》，提出了 6 个方面 17 项重点举措，包括提高上市公司治理水平、推动上市公司做优做强、健全上市公司退出机制、解决上市公司突出问题、提高上市公司及相关主体违法违规成本、形成提高上市公司质量的工作合力等。

⑤ “黑天鹅”事件指的是罕见、难以预测且能够带来系列连锁反应的负面事件，存在于金融、经济、商业以及生活等多个领域。

⑥ 2019 年 3 月 1 日，中国证监会发布《科创板首次公开发行股票注册管理办法（试行）》，2020 年 10 月 9 日，国务院印发《关于进一步提高上市公司质量的意见》，提出将“全面推行、分步实施证券发行注册制，支持优质企业上市”。

的试点与实行，资本市场进行业务整合的能力得以加强，我国并购数量和金额均比2019年有所提升，总金额达到1.211万亿元。企业并购已经成为影响我国经济高质量发展的重要经济活动。

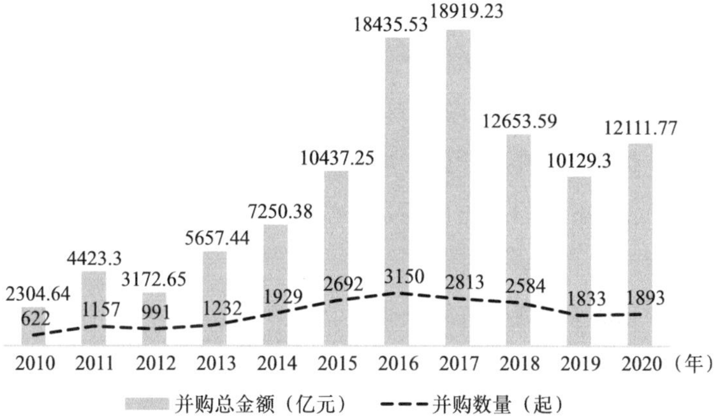

图1-1 2010—2020年企业并购数量与规模趋势

数据来源：私募通，清科研究中心，2021年1月27日，https://www.sohu.com/a/446975122_669037。

在活跃的并购交易背后，不乏大量低效并购案例，很多并购活动并未取得良好的经济效果。从国泰安数据分析结果来看，沪深A股上市公司在发生并购活动后，并购前后两年的总资产收益率下降了2.7%，并购前后两年的净资产收益率下降了3.7%。此外，逯东等（2019）的研究以2007—2015年国有企业并购事件为实证样本，发现国有企业并购效率低下，在进行并购后经营绩效和市场绩效不但没有提升，反而有所下降，并从非实际控制人所具有的董事会权力角度对此进行了研究。王艳和阚铄（2014）的研究同样证实了企业并购并不能够为主并方企业创造价值，即在并购后取得了较差的并购绩效，并从企业文化角度对此进行了研究。张洽和袁天荣（2013）、张洽（2013）的研究同样认为企业并购并未给企业带来价值增值，产生了并购的“成功悖论”① 和“损益之谜”②，并从薪酬契约、私有收益以及 CEO 权力寻租③等角度对此进行了研究。

上述现象的产生，多是企业并购与战略定位不匹配、并购目标企业选择不力、进行“高溢价”支付、资源整合失败等原因导致的，难以产生并购协同效应，从而难以取得较好的并购绩效。这既影响了企业的长远发展，也不利于我国经济高质量发展。因此，探究企业并购受到哪些因素的影响和制约，找到提升企业并购效率的作用路径，无论在学术方面还是并购实践方面均是一个十分有益的研究话题。

董事会是企业战略决策机构和公司治理核心，在企业并购决策与并购项目选择、并购谈判与定价、并购整合与价值创造等并购流程中占据着核心地位，董事会特征必然能够对企业并购行为及其经济效果产生深远影响。董事会作为企业的最高决策层，既需要对关系企业发展的重要项目作出决策，利用自身社会资源为企业谋求发展，还要对管理者行为进行监督，以此降低第一类代理成本（Minichilli 等，2012）。梳理现有董事会特征与企业并购相关的文献可以发现，其研究脉络主要沿着董事会咨询与监督两方面职能展开。董事会咨询职能相关研究主要以资源依赖理论为理论基础，该理论认为董事会是将企业外界环境依赖和资源获取成本最小化的一种机制安排，董事通过提供稀缺资源获取渠道、优质信息来源途径等帮助企业作出更好的并购决策。董事会监督职能相关研究以委托代理

① 成功悖论（Success Paradox），也可称为并购悖论，指的是企业积极发起并购的行为与并购未创造价值增值甚至损害股东财富之间的矛盾。

② 损益之谜：是指企业在发生并购后，主并公司的公司绩效出现了下降的趋势。

③ 权力寻租：是指掌握公权力的寻租者以权力作为筹码来谋求自身利益而进行的非生产性活动的统称。

理论为理论基础，该理论认为股东和管理者的目标函数存在差异，管理者作为内部人会存在道德风险与逆向选择的代理问题，在公司治理中，董事会无疑是一项核心制度安排，可通过发挥监督职能使管理者的经营方向与股东财富增值趋于一致。现有研究多基于董事会正式权力等级的角度展开，假定董事会群体中各董事的声望地位是均等的，忽略了董事成员之间由于声望和地位的异质性所形成的等级差异带来的影响。社会学理论认为，任何群体决策都会受到层级的影响，这种层级结构既可以是正式层级也可以是非正式层级。

董事会非正式层级是依据董事成员社会资本多寡和声望地位高低所形成的一种隐性的、非正式的等级次序（He 和 Huang，2011）。董事会非正式层级为董事会提供了一种有序交流合作的隐性机制。董事成员社会资本越丰富，为企业提供信息和资源的能力越强，以此为依托受到其他董事的尊重与认可程度越高，从而处于较高非正式层级。依据社会经济学中的关系契约理论，基于信任和尊重建立起来的非正式制度关系更容易产生相互监督与协调，增强董事会并购资源整合能力和并购决策信息沟通效果，以此提升董事会并购决策效率与对并购代理问题的监督效力。相反地，在缺乏非正式层级的社会群体中，群体成员容易陷入身份竞争，难以产生建设性对话，从而阻碍了董事在有限的时间内专注于并购活动的实质性问题，造成效率损耗。董事会决策形式为会议决策，具有两个突出特点：一是实行投票决议制度，没有设置正式程序和规则来指导其并购决策；二是不同于其他决策事项，并购决策内容具有更强的专业性和复杂性，面对的风险和不确定性更高，具有较强的概要性和模糊性，且需要在有限的时间内作出有效并购决策。董事会并购决策效率与并购价值实现在很大程度上取决于董事会的内部运作机制，在董事会缺乏正式程序与规则的背景下，关系董事会信息资源分享与整合、内部冲突有效协调的非正式层级对企业并购的影响不容忽视。因此，从理论上来看，董事会非正式层级能够对企业并购产生影响。

目前，董事会非正式层级对企业并购的影响及机理尚未得到充分研究，亟须在该方向上进行理论框架的构建研究与实证研究。由于企业并购复杂性高，现有关于企业并购的研究尚未得出一致结论。例如，有研究得出繁忙董事因具有运营经验能够为董事会提供更好的经验信息支持决策，从而优化企业并购方案，取得更好的并购效果（Faleye 等，2011），有研究认为繁忙董事会作出的并购决策创造价值的能力更低，价值毁损型并购比例高出 5.2%（Field 和 Lowry，2013），这一现象的可能原因在于忽略了董事会内部结构的差异。因此，研究董事会非正式层级一方面对企业并购的影响可以更好地理解董事会特征对企业并购的影响，另一方面不仅能够进一步丰富企业并购影响因素文献，拓展企业并购相关理论，而且在实践上有助于解决并购效率低下问题，从董事会建设方面给出提升并购经济效果的可行思路。

二、研究意义

基于以上背景，本书主要基于关系契约理论，并结合社会资本理论和预期地位理论来刻画董事会内部运作特征，选定并购决策、并购定价与并购绩效三个最具代表性的并购阶段，研究董事会非正式层级对企业并购决策及其效果的影响。本书的研究是完善董事会沟通决策机制、推动董事会研究向动态交互过程延伸的有益探索，不仅能够为从微观动态交互层面理解董事会结构特征对企业并购的影响提供一个新的研究视角，而且对企业加强董事会建设、实现更高并购价值具有借鉴意义。

（一）理论意义

1. 有利于深化董事会非正式层级与企业并购的理论研究

本书基于并购理论、信息不对称理论、资源依赖理论和关系契约理论，考虑关键的企业并购阶段，遵循各个阶段之间逻辑关系的本质，选定企业并购决策效率（并购倾向、并购目标选择、并购市场反应）、企业并购定价（不合理的“高溢价”）、企业并购价值实现（并购长期绩效）三个关键阶段，最终构建了一套完整的董事会非正式层级与企业并购的理论框架。该理论框架回答了清晰的董事会非正式层级结构是否促进了企业并购价值实现，并厘清了其作用路径，有利于深化董事会非正式层级与企业并购的理论研究。

2. 有利于丰富董事会非正式层级经济后果的相关文献

现有研究多针对董事会非正式层级对董事会决策（武立东等，2018；陈仕华和张瑞彬，2020）和企业绩效、战略变革、资本结构决策、股价崩盘风险等（张耀伟等，2015；王凯和常维，2018；王晓亮和邓可斌，2020；Jebran 等，2019）的影响展开研究，很少有研究全面考察董事会非正式层级对企业并购行为及其效果的影响，本书将对此进行补充研究。本书从企业作出并购决策、确定并购对价到实现并购协同效应并取得并购绩效这一完整的并购过程来系统研究董事会非正式层级在企业并购中发挥的作用，有利于补充董事会非正式层级经济后果的相关文献。

3. 有利于拓展企业并购影响因素方面的文献

现有研究多从大股东掏空、股权质押、CEO 权力寻租、股权激励、连锁董事、内部网络、市值管理等方面探讨其对企业并购的影响（赵国宇，2017；廖珂等，2020；张洽和袁天荣，2013；王姝勋和董艳，2020；赵乐和王琨，2020；李善民等，2015；李善民等，2020）。然而，董事会作为企业并购战略的制定者和并购战略执行的监督者，其内部特征必然影响其治理效力从而对企业并购产生影响。以往的研究仅针对董事会单个或多个静态特征对企业并购展开研究，并未考虑董事会内部动态交互影响。本书基于关系契约理论，研究董事会非正式层级对企业并购行为的影响，有利于从非正式层级角度丰富企业并购影响因素的相关研究。

（二）现实意义

1. 有利于为企业提高并购决策效率提供证据支持

在并购实践领域，企业并购案例中存在大量高管“自利型并购”①，这些并购案例在作出并购决策时多以实现个人私有收益为动机，从而产生了大量的无效并购，降低企业并购决策效率。作出有效的并购决策，选择优质的、符合收购方企业战略规划的并购目标企业，既是企业并购的起点，也是企业实现并购协同效应、创造企业价值的关键。本书的研究能够从董事会非正式层级角度为企业降低无效并购、提高并购决策效率提供证据支持。

2. 有利于为企业优化董事会结构提供参考与借鉴

董事会是企业战略行为的决策主体，也是企业最高的经营决策机构。因此，董事会的合理构建直接关系企业未来发展方向和长期竞争优势获取。本书全面考察董事会非正式层级对企业并购行为的影响及作用机制，同时考虑在不同的外部环境、股权结构、产权性质及非正式层级微观结构特征情况下，董事会非正式层级对企业并

① 自利型并购：是指在委托代理关系下高管以满足自身利益为动机发起的并购。

购行为影响的变化，能够为企业合理构建董事会，优化董事会微观结构提供参考和借鉴。

3. 有利于为企业更好地提升并购绩效提供依据

根据并购动因理论，企业发起并购的最终目的是实现并购协同效应产生价值增值，然而，在企业并购实践中存在并购成功悖论、赢者诅咒、损益之谜等并购困境，难以实现良好的并购绩效。本书综合并购决策、并购定价等前期并购阶段构建了企业并购价值实现的理论框架，并分别探讨董事会非正式层级对企业并购决策、并购“高溢价”、并购绩效的影响及作用机理，能够为企业治理低价值并购和“高溢价”支付问题，实现更高并购绩效提供理论依据。

第二节　相关概念界定

本书涉及董事会非正式层级、企业并购等重要概念，在梳理总结已有文献成果的基础上，作出相关概念界定。

一、董事会非正式层级

为刻画董事会非正式层级的含义，从非正式层级产生规律、秩序特征与度量方式三个角度进行阐释，并将其与董事会正式权力层级进行对比分析，以便更加深入地理解非正式层级，最后在此基础上提出对董事会非正式层级的概念界定。

（一）产生规律

从产生规律来看，董事会内部的非正式层级结构源于各成员能力和影响力的不同。Magee 和 Galinsky（2008）的研究指出，群体中某一成员的能力和影响力越大，就越能够获得来自群体中其他成员给予的尊重，即群体成员能力和影响力越大，获得其他成员的尊重越多，该成员凭借这一条件能够在群体中处于优势地位。在董事会中，董事成员会对其他董事的能力与社会影响力作出判断，并根据判断结果进行排序，自动产生了一个董事会非正式等级。Belliveau 等（1996）研究认为，在董事会议中，董事成员发表战略意见和提出建议时，受到的关注和注意力会有所差异，此时在董事会中就形成了非正式层级。曾江洪和何苹（2014）研究认为，董事会中各成员的正式职务是平等无差异的，但董事成员异质性的个人特征能够导致其在董事会群体中的影响力产生不平等，这些个人特征包括声誉、地位、行政级别、影响力、教育背景及兼职数量等。董事会非正式层级是产生于社会互动、在社会过程的重复中所产生的一种支配与顺从的社会关系，这一社会关系是持久的、隐性的（Diefenbach 和 Sillince，2011）。He 和 Huang（2011）明确了董事会非正式层级的定义，认为它是在董事会团队内部形成的一种隐性的、非正式的层次结构，这种非正式的等级制度是基于董事们对彼此的尊重建立起来的。

（二）秩序特征

从秩序特征来看，在董事会内部，非正式层级结构影响了团队成员之间的互动形式，且该层级结构并非高度固化。通过梳理现有研究，非正式层级秩序特征有：（1）有利于董事会内部信息交互。董事会非正式层级结构若不清晰，则导致董事会内部交互效率低下，冲突与矛盾难以调解（Magee 和 Galinsky，2008）。董事会非正式层级结构能够使成员互动更加有序，从而协调董事会内部的信息交互，这是由于清晰的非正式层级结构明确了董事成员的角色定位，为董事成员的履职提供了清晰的方向（He 和 Huang，2011；曾江洪和何苹，2014）。(2) 推动了董事会成员之间的合作。由于高层级董事具有更强的影响力和资源优势，地位等级差异的存在使得董事之间的合作相比于无等级差异时变得更加容易发生（曾江洪和何苹，2014）。Simpson 等（2012）研究指出，非正式层级的秩序特征表现为由下向上的单方向服从和信任，从而有利于成员之间的互动，引导内部交流合作的秩序。(3) 增强董事会资源整合程度。Groysberg 等（2016）研究提出，若团队中的成员均是优秀个体，缺乏等级次序，即使个体执行力是最优的，团队整体也很可能是低效甚至无效的。Bunderson 等（2016）研究认为在层级秩序下，高层级成员能够引导与约束低层级成员，基于高层级成员的影响力，低层级成员将给予配合，以此来有效增加董事会的资源整合程度。此外，武立东等（2016）在研究中提出，董事会非正式层级并非固化，而是在董事成员相互接触的过程中随着新认识的产生而不断更新。

（三）度量方式

从度量方式来看，董事会非正式层级多采用基尼系数来衡量，该系数能够衡量董事会中董事之间的非正式等级制度的清晰度，即董事之间的等级制度分化程度。依据前述定义可知，董事会非正式层级是依据董事成员彼此尊重程度建立起来的一种层次结构，关键是如何来衡量董事成员的能力、影响力和受尊重程度。He 和 Huang（2011）的研究中，使用董事在其他公司兼职董事的数量作为该董事成员从其他董事成员那里获得的尊重程度的代理变量，同时，考虑到每个额外的外部兼职在反映尊重程度方面可能会存在递减的边际效应，进一步对董事会成员的原始兼职数量进行了对数转换。武立东等（2016）的研究中，在 He 和 Huang（2011）的研究基础上，进一步基于我国经济制度背景，将政治关联纳入进来，选取董事外部兼职和政治关联两个指标作为董事成员的等级标准。杜兴强等（2017）的研究——查阅年报中独立董事的签字顺序，将年龄、职位、政治联系作为“论资排辈”的标准。武立东等（2018）和薛坤坤等（2021）的研究中，用外部兼职数量、政治关联虚拟变量以及家族成员身份虚拟变量的三者之和作为董事的社会资本。陈仕华和张瑞彬（2020）的研究中，选择董事成员兼职数量、是否有政治关联、媒体关注度三个变量作为基础变量来获得董事会地位指标。

（四）与董事会正式权力层级的对比分析

董事会正式权力层级属于董事会正式结构的范畴。董事会正式结构是外在的、显性的结构表现，合理的正式结构旨在实现更高的董事会治理有效性。例如，通过增加多元化董事成员引入更多的社会资本，强化董事会咨询职能；或者在现有规模基础上进行结构优化，如 CEO 和董事长是否两职合一、独立董事占比多少、女性董事比例等。权力是衡量董事会正式结构的最基本层级维度。因此，本书选择董事会正式权力层级与非正式层级进行对比分析。董事会正式权力层级是董事会的正式权力分布，由正式制度或者组织设计所决定的，产生于章定或者法定的权力，是企业制度安排产生的正式权力结构分布（李长娥和谢永珍，2017）。董事会正式权力层级通常用变异系数来定量分析，该系数反映了权力在董事会内部的分布状况。先根据董事会成员的权力大小对每个成员进行赋值，如是否担任董事长或 CEO、是否二职合一，权力越大赋值越高，然后根据这些赋值得到变异系数。

董事会正式权力层级与非正式层级存在一定的区别。第一，董事会正式权力层级与非正式层级的产生规律不同。正式权力层级以契约签订作为保障，而非正式层级结构源于成员能力和影响力的异质性（Diefenbach 和 Sillince，2011）。正式权力层级产生于组织规定或制度化契约，若某一董事成员掌握更多的正式权力，如某一成员同时担任本公司的董事长和 CEO，则处于正式权力层级的高位。非正式层级源于董事会成员的能力和影响力的不同，是基于信任与尊重建立起来的秩序层级。第二，正式权力层级与非正式层级的表现特征不同。正式权力层级是显性的、外在的，存在较为典型的制度化特征；非正式层级是隐性的、内在的，遵循的是关系规则的互动特征。因此，董事会正式权力层级和非正式层级带来的经济后果也会存在一定的差异。

与非正式层级相比，正式权力层级对企业并购可能产生不同的影响。层级结构理论认为在任务导向型的团队中，层级不仅能够建立组织秩序、促进组织协调，而且能够对不同层级的成员产生激励作用，能够降低交易成本、提升任务完成效率。然而，正式权力层级和非正式层级是否均能够对并购产生正面作用，还需要结合并购的现实情境展开具体分析。相比于其他投资行为，并购涉及的资本规模大、程序复杂、期限较长且风险更高，在企业并购中存在更加严重的代理问题。现有研究发现，CEO 权力寻租、高管追求私有收益，如获取更多薪酬、控制更多资源、掌握更多权力，成为企业并购的重要动因（Chikh 和 Filbien，2011；张洽和袁天荣，2013；Seo 等，2015），出现了很多高管自利型并购，该动机驱动企业发起了大量并购活动，支付了较高的并购溢价，最终负面影响了企业并购绩效。董事会的层级结构如何影响企业并购，其关键在于是否能够对并购中存在的突出代理问题进行有效治理。基于委托代理理论，当正式权力层级较为明显时，如董事长和 CEO 两职兼任，缺乏正式权力的有效制衡，不仅难以对企业并购中的代理问题产生治理作用反而成为代理问题的一部分，因此正式权力层级可能很难对企业并购产生正面影响。

（五）本书对董事会非正式层级的概念界定

本书将董事会非正式层级的概念界定为：依据成员能力和影响力差异，基于成员之间的尊重与信任建立起来的一种非正式的等级结构。该等级结构为董事履职提供了清晰的目标和方向，有利于成员之间的互动，产生了一种引导内部交流合作的隐性秩序。

二、企业并购

企业并购（Merger and Acquisition，M&A）含义较为广泛，目前尚无准确定义。在法律上，企业并购是指一家公司购买其他公司的部分（全部）资产（股权），从而影响或者控制其经营与管理，使其他企业保留或者丧失法人资格。一般意义上，企业并购主要包括兼并（Merger）与收购（Acquisition）。

兼并是指一家公司通过现金、有价证券、其他资产或者承担债务等方式取得其他公司的产权，使得被兼并公司丧失法人主体地位，从而获取该公司控制权的经济行为。在《大不列颠百科全书》中，对兼并（Merger）这一概念的解释是独立公司合并为一个公司的行为，由具有优势的一家公司来吸收合并其他的公司。兼并的结果是只有一家公司继续存续，其他公司失去法人主体资格。合并与兼并通常是相似的概念，学者多认为二者等同或者认为合并包括兼并。从类型来看，可以将合并分为吸收和新设两种类型的合并，在我国的《公司法》中，也规定了企业合并可以采用吸收和新设这两种合并方式。

收购是指企业用现金或者有价证券或其他手段获取某一企业的部分或者全部所有权的经济行为。收购购买的是另一家企业的股票或者资产，从而获取其他公司某一资产或者全部资产的所有权或该公司的控制权。《上市公司管理办法》中对收购的定义是收购公司通过股权转让行为持有某家公司的股票超过一定的比例，或者通过其他合法手段获取某家公司的控制权均为收购行为。收购后，被收购公司的法人主体地位依然存在，但是其经济独立性丧失，由收购者控制。此外，与并购相关的概念还包括接管，接管一词在西方国家得到广泛使用，主要包括两方面的含义。一方面，是指获取被接管公司的控制权，如收购股份、获取投票权等；另一方面，是指具体的接管行为，如聘任或者解聘被接管公司的高管、改选董事成员等具体经营管理行为。在我国接管通常表现为接收某家公司的资产并进行管理，与我国企业破产法中所应用的接管概念有着相同的含义。

本书将企业并购的概念界定为：企业并购是指在市场环境下以控制权转移为目的而进行的产权交易活动，本书所提及的并购是兼并与收购的统称。

第三节 研究目标与思路

一、研究目标

本书在现有文献与基本理论基础上，研究非正式层级对并购的影响效应与作用机理，最终为企业优化董事会结构、提升企业并购效率提供理论依据与经验证据。具体地，将达到以下研究目标。

（一）厘清董事会非正式层级对企业并购的影响机理

梳理董事会非正式层级与企业并购相关文献，基于并购理论、信息不对称理论、资源依赖理论和关系契约理论，分析董事会非正式层级影响企业并购的逻辑，并从理论上厘清董事会非正式层级对企业并购的影响机理。具体地，将从董事会非正式层级优化信息与资源传递、提升决策效率、强化治理效力角度阐明董事会非正式层级在企业并购决策、交易定价及并购长期价值实现等关键并购阶段发挥的正面促进效应。

（二）检验董事会非正式层级对企业并购的影响效应

从并购决策、并购定价和并购绩效三个角度检验董事会非正式层级对企业并购的影响效应。清晰的董事会非正式层级强化了董事会决策效率和监督效力，制定出更好的并购方案并在董事会内部达成一致意见，能够在并购项目选择阶段有效提高并购决策效率，在并购定价阶段抑制不合理对价产生，在并购后加强并购整合从而实现更高的长期并购绩效，获取更多并购价值。

（三）明确董事会非正式层级对企业并购产生影响的作用路径

董事会非正式层级对企业并购产生影响的路径主要从信息与资源整合效应和管理者责任监督效应两个角度展开。具体地，将从降低无效或低效并购项目角度验证董事会非正式层级对企业并购决策产生影响的路径，从降低管理层过度自信角度和信息不对称角度验证董事会非正式层级对企业并购定价产生影响的作用路径，从降低代理冲突和降低并购不确定性角度验证董事会非正式层级影响企业并购价值实现的作用路径。

（四）探究董事会非正式层级影响企业并购的重要因素

探究在不同的环境特征、产权特征、股权集中度特征以及不同身份董事（CEO或董事长）位于层级高位时，董事会非正式层级对企业并购产生影响的差异。具体来看，依据每个并购阶段的特征，探究环境不确定性、股权集中度对董事会非正式层级与企业并购决策二者关系的影响；探究产权性质、CEO位于董事会非正式层级高位对董事会非正式层级与企业并购定价二者关系的影响；探究产权性质、董事长位于董事会非正式层级高位对董事会非正式层级与企业并购绩效二者关系的影响。

（五）考察董事会正式权力层级与非正式层级对企业并购的影响差异

董事会正式权力层级与非正式层级由于在产生规律与表现特征方面存在差异，结合企业并购的研究成果与具体情境，董事会正式权力层级与非正式层级二者对企业并购的影响可能会存在差异。本书将二者放入同一个框架中进行分析，并通过实证分别验证董事会正式权力层级与非正式层级对企业并购决策、并购定价与并购长期绩效的不同影响。

此外，进一步以独立董事为研究对象，考察独立董事非正式层级对企业并购的影响。

二、研究思路

为实现以上研究目标，本书在系统综述国内外相关文献的基础上，沿着“提出问题→理论分析→实证检验→结论建议”的研究路线，以理论联系实际为导向，全面而深入地研究董事会非正式层级对企业并购的影响。

研究思路如图 1－2 所示。

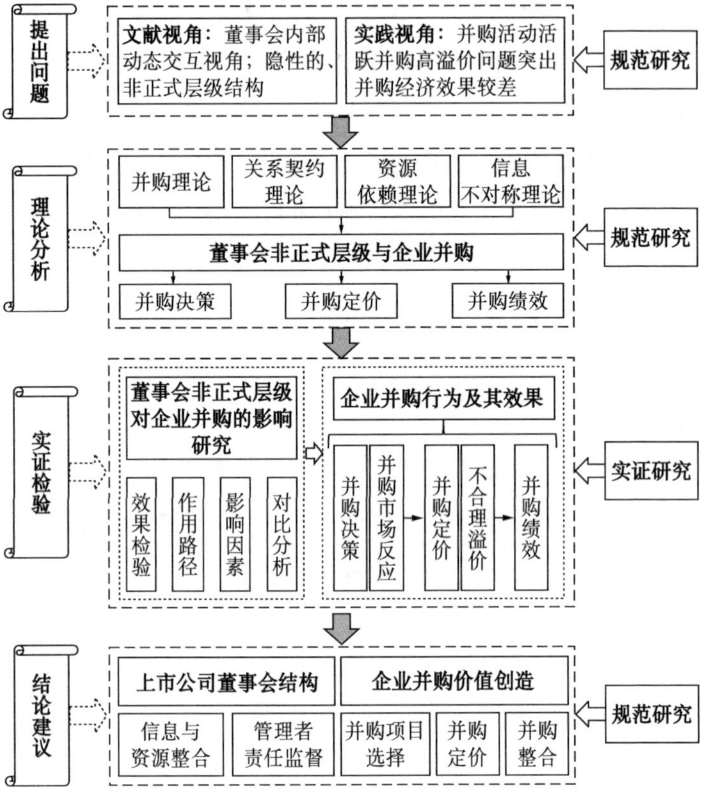

图 1－2　研究思路

企业并购是一项风险较高、涉及金额较大的投资活动，并购活动实施步骤较多、并购过程十分复杂。综合学术界研究角度和实务界实践角度，当前企业并购主要存在三大突出问题：（1）并购活动日渐活跃，并购动机错综复杂。2019 年中国证监会《关于修改〈上市公司重大资产重组管理办法〉的决定》、2020 年国务院《关于进一步提高上市公司质量的意见》等文件的发布，为企业并购提供了政策支持，进一步鼓励企业进行并购重组，企业并购活动日渐活跃。但并购作为一项复杂的投资活动，除了“并购效率观”下以追求价值为并购动机之外，更有“并购套利观”下存在的两类代理问题带来的私利并购动机。（2）并购“三高”问题突出，商誉爆雷扰乱市场稳定。近年来，商誉爆雷问题不断出现，这归根结底在于并购定价过高，产生高估值、高溢价、高商誉的“三高”问题。定价过高带来系列的负面经济后果，最直接的后果是因支付过高对价难以获得良好的并购绩效，次之为企业带来经营负担，产生商誉减值，不利于资本市场稳定健康发展。（3）并购整合困难，并购价值难以实现。大量的研究发现企业并购活动并未取得良好绩效，甚至损害了股东财富。并购价值体现在并购整合之后，并购价值实现既是并购的最终目的也是并购的最后一环，最初进行并购决策、进行并购交易并支付并购对价、并购后的整合等均关系到长期并购绩效。此外，从流程观角度，并购决策是并购活动的起点，并购绩效是并购活动取得的最终经济效果，同时由于并购定价是并购双方博弈的结果，也是并购是否达成的关键，因此本书还关注并购活动过程中的定价问题。现有关于董事会特征的研究忽视董事会成员地位与声望差异，基于该研究现状，本书将从董事会内部动态交互视角，研究隐性的非正式层级结构对企业并购带来的影响。

综上所述，本书提出研究问题：董事会非正式层级对企业并购决策、定价以及绩效产生什么影响？作用机制是什么？哪些因素能够影响董事会非正式层级与企业并购的关系？为对上述问题进行研究，首先，基于并购理论、关系契约理论、资源依赖理论和信息不对称理论，对董事会非正式层级在企业并购中发挥作用的逻辑进行分析、对非正式层级对企业并购决策、定价以及绩效的影响机理进行理论分析，为后续实证研究打下扎实理论基础。其次，选取上市公司并购样本数据，对董事会非正式层级对企业并购决策、定价以及绩效的影响进行实证检验，为本书的主要论点提供经验证据。最后，依据本书的理论分析与实证检验的研究结论，从董事会结构和企业并购全过程价值创造角度提出相应的建议。

第四节　研究内容与方法

一、研究内容

根据以上研究思路，本书的研究内容主要有以下几个部分：

第一章为导论。主要分为研究背景与意义、相关概念界定、研究目标与思路、研究内容与方法、研究创新。

第二章为文献综述。该部分从董事会非正式层级与董事会决策、企业行为，企业并购决策、并购定价和并购绩效，董事会特征与企业并购等方面梳理国内外研究文献，并对现有文献进行述评，总结现有文献的研究不足和后续研究方向。

第三章为基本理论。该部分对本文研究所涉及的并购理论、信息不对称理论、资源依赖理论和关系契约理论进行了系统阐述。并基于前述文献综述和基本理论，分析了董事会非正式层级对企业并购影响的逻辑和作用机制。

第四章为董事会非正式层级对企业并购决策的影响研究。该部分从企业是否发起并购、发起的并购项目是否得到更好的市场反应两方面衡量企业并购决策效率，在此基础上，研究非正式层级对并购效率的影响，并从是否降低企业无效并购目标选择角度分析其作用机制，同时进一步从环境不确定性和股权集中度不同情况下，考察董事会非正式层级对企业并购决策效率影响的差异。此外，检验董事会正式权力层级与非正式层级对企业并购决策影响的差异，并进一步针对独董考察独立董事非正式层级对企业并购的影响。

第五章为董事会非正式层级对企业并购定价的影响研究。该部分选择并购“高溢价”问题作为并购定价的研究重点，考察董事会非正式层级是否能够有效抑制企业不合理并购溢价，并依据委托代理理论和资源依赖理论从降低管理层过度自信和降低并购双方信息不对称程度角度研究其作用路径，同时考察在产权性质和 CEO 所在层级位置不同的情况下，董事会非正式层级对企业并购不合理溢价影响产生的差异。此外，进一步验证董事会正式权力层级与非正式层级对企业并购“高溢价”的不同影响，以及独董非正式层级对企业并购的影响。

第六章为董事会非正式层级对企业并购绩效的影响研究。该部分在前述第四章、第五章研究结论基础上，考察董事会非正式层级对企业并购整合效果与企业并购长期绩效的影响，并从降低管理层代理成本、降低并购不确定性这两条路径来验证其作用机制，同时考察在不同产权性质和董事长层级位置的企业中，董事会非正式层级对企业并购绩效的影响效果差异。此外，进一步验证董事会正式权力层级与非正式层级对企业长期并购绩效的不同影响，并考察独立董事非正式层级对企业并购绩效的影响。

第七章为结论。对前述部分实证结果进行总结，得出本书的主要研究结论，并依据本书研究，从上市公司董事会建设、企业并购的关键阶段等方面提出相关政策建议，最后，分析并指出本书的研究局限与未来研究方向。

二、研究方法

本书将规范研究法与实证研究法相结合，研究董事会非正式层级对企业并购的影响，全书的技术路线如图 1－3 所示。具体来看，主要有以下几种方法。

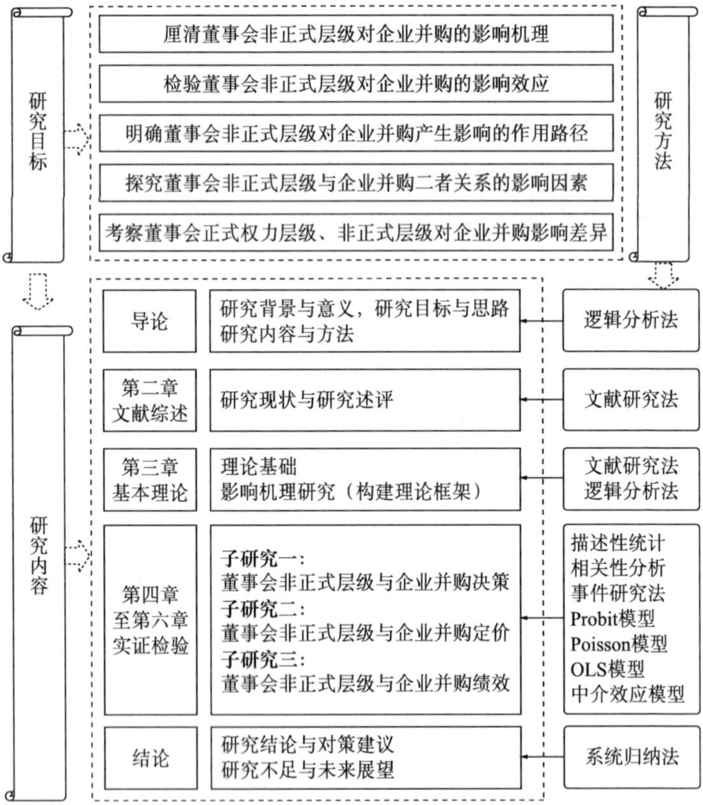

图 1－3　技术路线

（一）文献研究法与逻辑分析法

本书采用文献研究法对国内外关于董事会特征、非正式层级、企业并购等方面的相关文献进行梳理总结并加以综述，明确现有文献的研究不足，指出未来的研究方向，并确定本书的研究目标。根据研究目标，通过逻辑分析法，构建本书的研究思路，并按该思路实施系统研究。同时，在基本理论的基础上，结合文献研究法和逻辑分析法，研究董事会非正式层级影响企业并购的逻辑与理论机制，构建董事会非正式层级与企业并购关系的理论框架。此外，在后续董事会非正式层级影响企业并购决策、定价与绩效的研究中，通过文献分析与逻辑分析法进行理论分析，提出理论假设，并对本书得到的实证结果作出理论解释。

（二）实证研究法

建立实证模型，选择2008—2019年沪深A股上市公司为主并方发起的并购事件为样本，采用实证研究法，研究董事会非正式层级对企业并购的影响。首先，对样本进行描述性统计和相关性分析，通过描述性统计掌握变量特征，通过相关性分析观察变量是否存在多重共线性，随后通过构建Probit模型、Poisson模型、OLS模型检验董事会非正式层级对企业并购决策、企业并购市场反应、企业并购项目选择、不合理并购溢价、并购整合、并购绩效等的影响效应，以及董事会正式权力层级、独立董事非正式层级对企业并购的影响。其次，采用PSM法、Heckman两阶段模型法、替换关键变量的衡量指标等方法进行稳健性检验。再次，采用中介效应模型、交乘项模型等研究董事会非正式层级对企业并购影响的作用机制。最后，采用分组检验的实证方法，探究在不同的环境特征、产权特征、股权集中度特征以及CEO或董事长位于层级高位的企业中，董事会非正式层级对企业并购的影响差异。

（三）系统归纳法

通过系统归纳法对董事会非正式层级与企业并购决策效率、并购不合理溢价、并购整合与并购价值实现关系的实证结果进行归纳，得出每部分的研究结论。同时通过系统归纳法对每部分的研究结论进行总结梳理，提出本书的核心研究结论，并根据研究结论从上市公司董事会建设和企业并购价值创造等角度提出意见和建议。

第五节　研究创新

本书系统研究了董事会非正式层级对企业并购决策、并购定价与并购绩效的影响，相较于以往研究，本书的创新主要有以下几个方面。

一、基于董事会动态交互视角拓展了董事会结构与企业并购研究

早期董事会结构相关研究忽视了董事会成员的社会资本和社会声望带来的地位差异。本书遵循董事成员之间具有能力、社会资本和声望地位差异的实际，基于关系契约理论，突破董事会静态视角，从董事会成员动态交互视角，研究了非正式层级对企业并购的影响。本书提出了董事会非正式层级能够降低管理者自利型并购项目，从而提升并购决策效率，探讨了董事会非正式层级对企业并购溢价带来的影响，董事会正式权力层级、非正式层级对企业并购的影响，同时验证了独立董事非正式层级对企业并购的影响。本书从

非正式层级角度拓展了并购的影响因素，也丰富了董事成员关系带来的经济后果研究。

二、提出了董事会非正式层级提升企业并购的管理者责任监督效应和信息与资源整合效应

突破董事会整体层面中观视角，从董事成员个体层面微观视角，首次系统研究了由董事成员兼职董事职位数和政治关联异质性带来的非正式层级结构对企业并购决策、并购定价、并购绩效的影响，并从信息与资源整合和管理者责任监督两条路径探究作用机理，有效揭示了董事会非正式层级对企业并购产生影响的作用“黑箱”，丰富了董事会“结构—行为—结果”的研究范式。

三、构建了董事会非正式层级对企业并购影响的理论框架

本书基于并购理论、关系契约理论、委托代理理论和资源依赖理论，考虑完整的企业并购流程，遵循各个环节之间逻辑关系的本质，选定企业并购决策效率、企业并购定价、企业并购价值实现三个关键环节，形成了一套完整的董事会非正式层级与企业并购的理论框架。该理论框架从并购流程角度阐明了董事会非正式层级促进企业并购价值实现的路径，同时依据该理论框架归纳出董事会非正式层级作用于企业并购价值实现的“全流程”的治理体系。

第二章 文献综述

第一节 关于董事会非正式层级的研究

一、董事会非正式层级与董事会决策

近期，逐渐有研究关注到董事会非正式层级在董事会运行中发挥的重要作用。董事会是公司治理的核心，对企业重大战略问题作出集体决策（Veltrop 等，2017）。《公司法》规定董事会对企业议案进行表决时，要遵循一人一票的投票表决制，所以就董事会表决制这一内部决策形式来看，并不存在正式制度下的层级次序（Johnson，2004）。但董事会成员由于掌握资源的不同、对公司贡献的差异以及个人特征的区别在董事会群体中存在预期地位差异（Zhu 和 Yoshikawa，2016；Oehmichen 等，2017），基于该预期地位差异所形成的董事会非正式层级将会作用于董事会决策。

非正式层级发挥作用的现实背景来自董事个体特征、群体特征和决策内容三个层面，如董事个体是否有足够的精力、董事会群体

产生冲突的概率和会议决策内容的复杂性等实践问题。从董事精力分配角度，当董事精力有限时，非正式层级能够提高董事会会议单位时间效率，增加时间利用率，缓解董事会精力不足问题（谢永珍等，2017）；从董事会群体冲突角度，张维今等（2018）研究认为公司中强势成员不仅能够借助自身影响力提高他人的信任从而避免冲突，而且能够提高他人收益水平从而增强他人的组织责任感和认同感；从决策事项复杂性角度，决策的内容复杂性越高、风险越高、潜在价值越高，越需要有能力、有资历的成员来承担更多责任、发挥更大作用，由于在正式制度下，这些董事会成员的作用很难发挥出来，而基于非正式层级秩序，能够扩大其影响力和话语权，非正式层级能够产生更强的影响。

从董事会决策过程研究分支来看，现有文献发现，非正式层级有利于董事会沟通效率、降低董事会成员冲突从而降低产生异议的概率、增加董事会决策中的政治行为等结论。谢永珍等（2015）研究了董事会正式结构对董事会会议频率的影响，发现正式层级分离度越高，为达到董事会沟通效果需要召开更多的董事会会议，但当引入董事会非正式层级结构时，负向调节了二者之间的正相关关系。这说明了董事会非正式层级能够有效缓解董事会沟通中的矛盾冲突、降低会议频率并节约沟通成本。武立东等（2018）研究发现董事会非正式层级明显的企业中，董事会决策程序理性降低而政治行为有所增加。陈仕华和张瑞彬（2020）基于预期地位理论（Expectation States Theory）①，利用董事会投票表决数据研究发现董

① 预期地位理论（Expectation States Theory），也可称为“期望地位理论”或者“预期状态理论”，是旨在明确地位在群体中发挥作用的理论。

事会非正式层级能够降低董事会成员之间的冲突，降低董事会成员提出异议的概率，并可塑造适当的非正式层级结构，从而为董事会工作顺利开展提供保证。

值得一提的是，基于董事会非正式层级对董事会决策过程产生的影响并不能直接判断如何影响决策质量。例如，降低董事异议程度并不代表会降低决策质量，因为发表异议并不一定代表决策质量提高（陈仕华和张瑞彬，2020）。因此，还要进一步围绕董事会非正式层级对企业行为的影响进一步展开分析。

二、董事会非正式层级与企业行为

现有关于董事会非正式层级对企业行为影响的文献大多集中在对公司财务活动、薪酬契约有效性、股价崩盘风险等的影响。

在企业财务活动方面，现有研究多集中于战略变革、资本结构调整、投资效率、企业价值等。王凯和常维（2018）的研究认为董事会非正式层级促进了企业战略变革，业绩压力可对此产生正向调节。王晓亮和邓可斌（2020）研究了董事会非正式层级对资本结构决策效率产生的影响，发现非正式层级越清晰，资本结构调整速度越快，偏离度越低。He 和 Huang（2011）将董事会视为公司治理中的最上层机构，研究了在公司董事成员之间默认形成的非正式等级制度是如何影响公司的财务业绩的。该研究认为，非正式层次结构的清晰度可以帮助协调董事会的互动，从而提高董事会对公司业绩作出有效贡献的可能性，即清晰的董事会非正式层级正向影响了企业绩效。张耀伟等（2015）研究发现董事会非正式层级正向影响企业绩效，而盈利压力、国有产权和股权集中对此发挥正向调节作用。张耀伟等（2020）认为董事会非正式层级是董事会成员之间的冲突协调机制，能够调整董事会断层给投资效率带来的负面影响。曾江洪和肖涛（2015）的研究以创业板企业为样本数据，实证研究发现董事会非正式层级越清晰，企业技术创新绩效越高；当技术独立董事处在非正式层级高位时，非正式层级对企业创新绩效的影响增强，而当技术董事长处在层级高位时作用不明显；当董事会规模较大时，非正式层级对创新绩效的影响被削弱。薛坤坤等（2021）研究发现董事会非正式层级对企业创新具有促进作用，且当企业面临环境不确定性高时，产权性质为非国有企业时，非正式层级对企业创新的影响更加显著；同时，对作用机制展开研究后发现，提升董事会信息分享和加强董事会监督是其作用机制。

在薪酬契约有效性方面，张耀伟等（2020）从董事权威不平衡的治理效应角度，研究了非正式层级如何影响高管薪酬契约并探究其作用路径。研究发现，非正式层级对薪酬业绩敏感性具有负向调节作用，其影响主要表现在公平性和风险匹配性方面，该研究还发现只有当独立董事位于高位时，非正式层级对薪酬业绩敏感性产生调节效应；同时得出了非正式层级具有社会公平效应的结论。

在股价崩盘风险方面，Jebran 等（2019）研究发现董事会非正式层级增加了股价崩盘风险，原因在于非正式层级带来的协调作用有助于隐藏“坏消息”。研究结果还表明，CEO 的地位和董事会规模是影响董事会非正式层级运作的重要因素，且董事之间的非正式等级制度可以塑造管理行为并引导董事会互动。此外，在中国背景下，改善正式治理机制可以通过调节非正式等级制度的影响来加强董事会之间的互动。

综上所述，董事会在制度上是一个开放型的团队，决策的事件大多缺乏清晰的定义，具有一定的复杂性和模糊性，难以通过正式程序与规则（正式层级）实现有效引导，而董事间的非正式关系能够加强董事互动与沟通，避免冲突、加强合作，即董事间的非正式关系能够在董事会内部产生一种隐性的沟通协调机制，提升董事会对决策事件的理解能力，做出更好的决策，提高董事会运行效率，从而影响企业行为。

第二节　关于企业并购的研究

一、企业并购决策

企业作出的并购决策不仅受到企业内外部环境的影响，如宏观环境、政策法规、地域环境、行业特征以及企业自身特征等，还会受到来自实现协同效应、管理层私利、大股东掏空等动机的驱动。

（一）企业外部环境对并购决策的影响

1. 宏观环境的影响

宏观环境层面，现有研究多关注经济政策不确定性对并购决策的影响。蓝发钦和蔡娜婷（2019）指出经济政策不确定性不仅能够促进企业做出更多的并购活动，而且能够提高企业发起并购的规模，其中，财政政策不确定性带来的影响最大，货币政策和贸易政策次之。Duchin 和 Schmidt（2013）认为经济政策不确定性通过增加了管理层的帝国构建活动从而增加了企业并购行为。黄灿等（2020）考察了经济政策不确定性对企业并购的影响，并提出了柠檬市场假说，认为经济政策不确定性越高，发起并购的可能性越低，但并购绩效更低。其原因在于经济政策不确定环境下信息不对称程度更高，投资者很难判断并购价值从而出现“柠檬市场”，导致具有替代性投资机会的企业更少发起并购。刘莉亚等（2016）研究了一国整体生产率水平是否影响一国总体并购活动，发现生产率提升能够促进国内并购和跨国并购。国内并购受到市场规模、资金和劳动力成本的影响，跨国并购受到东道国文化、市场规模、劳动力成本的影响。

2. 政策法规的影响

政策法规方面，现有研究探讨了产业政策、绿色产业政策、税收政策以及《劳动合同法》等对企业并购决策的影响。邱金龙等（2020）研究认为产业政策对处于衰退期的企业并购决策产生了深刻影响，衰退期的企业更倾向于收购受到产业政策支持的企业，当主并企业没有受到相关产业政策支持时，这种倾向更加明显。蔡庆丰和田霖（2019）的研究发现，主并方更倾向于对那些受到产业政策支持的标的发起跨行业并购，且国有企业更可能发起产业政策支持与导向的跨行业并购，同时研究发现在并购后主并企业没有将资源投资到新的行业中去，这是套取政府补贴的并购行为，产业政策下的并购体现出“政策套利”特点。黄维娜和袁天荣（2021）研究了绿色产业政策对企业绿色并购的影响，主并企业在进行并购目标选择时，更偏爱于受到绿色产业政策支持的企业。李彬和潘爱玲（2015）指出税收政策对企业并购具有诱导性，区域性的税收优惠能够显著促进跨区域并购但绩效并不明显，而行业性税收优惠能够提高企业并购绩效但不能够促进企业作出更多的并购决策。朱冰（2020）基于双重差分模型研究了《劳动合同法》对企业并购绩效的影响，劳动合同法实施以后，当并购标的方的劳动密集度较高时，并购绩效显著下降，以高劳动密集型企业作为并购标的可能性显著下降。

3. 地域环境的影响

地域环境层面，现有研究探讨了省际双边信任以及开发区设立等对企业并购决策的影响。杨继彬等（2021）基于 CESS 省际双边信任调查数据，研究了其对跨区域流动及效率的影响。并购双方所在地的双边信任度均能够增加并购频率和并购规模，但仅当目标方所在地对收购方所在地的信任度高时，异地并购的短期绩效才会越好。蔡庆丰和陈熠辉（2020）研究发现国家设立开发区抑制了企业并购扩张行为，然而省级开发区设立有助于促进企业并购扩张行为，国家开发区内的并购多表现为内涵式创新驱动，省级开发区的并购行为多属于竞争规模扩张和产业链延伸。

4. 集群特征的影响

产业集群作为一种网络生态环境，能够通过价值链和供应链产生价值活动协同效应，为企业提供一种互动性的平台。黎文飞等（2016）研究发现，产业集群影响了并购活动，在集群内的企业更容易发现并购机会，并购风险更低，整合效果更好，从而实现了更好的并购绩效。万良勇等（2016）研究了并购决策同群效应及其机制，该研究发现并购决策存在明显的同群效应，该表现符合逻辑模仿律和先内后外律，同群者的并购绩效越高则同群效应越强，相同的产权性质的企业之间具有更强的同群效应，其内在机制是信息获取性模仿和竞争性模仿。

（二）企业内部环境对并购决策的影响

1. 治理特征的影响

公司内外部治理方面，现有研究探讨了高管背景、股权激励、家族企业以及信用评级等对企业并购决策的影响。Li 等（2021）研究了高管政治、财务和学术背景对企业并购决策的影响，发现有政治联系的高管更可能参与公司的并购活动，有财务背景的高管和具有更广泛学术背景的高管不太可能作出并购决策。王姝勋和董艳（2020）研究发现股权激励能够对企业并购的倾向和规模产生影响，当授予高管股票期权时能够通过缓解代理问题和提升风险承担水平来影响并购，且在高管薪酬水平较低、任期较长和年龄较大的企业中表现得更为明显。刘白璐和吕长江（2018）的研究对比分析了家族企业和非家族企业的并购价值创造问题，发现家族企业作出了更多的并购决策，且取得了更好的并购绩效，且当家族持股水平更高时，这一并购特征更明显。此外，翟玲玲和吴玉辉（2021）研究发现信用评级促进了企业作出并购决策，有评级的企业倾向于对外并购且发起并购的规模更大，这是由于信用评级带来了融资效应；并购后，为了维持高评级，企业并购决策更加谨慎，避免因并购不当导致评级下降，信用评级发挥了监督效应。

2. 高管社会网络的影响

高管社会网络同样影响着并购决策，现有文献从社会网络信息优势、CEO 校友关系以及共同分析师等方面进行了研究。李善民等（2015）研究社会网络对企业并购的影响，社会网络的信息优势转化为信息资源后，能够降低并购过程中的不确定性，对并购发起决策和并购绩效均产生了正面影响。张洽和袁天荣（2020）以关系型社会制度背景为基础，研究发现并购双方的 CEO 若存在校友关系，通常会引发错误的并购从而获取低股东回报，但被并方 CEO 留任概率有所提升，且双方 CEO 具有校友关系时，并购更可能发生，并导致后期的资产剥离，尽管如此，资产剥离后并购绩效也很难改观。此外，马慧（2019）研究了共同分析师对企业并购的影响，发现共同分析师在并购双方之间可以有效传递信息，解决并购过程中信息不对称的问题，从而改善并购绩效，取得更多的协同效应，共同分析师并购价值驱动来源于项目营利性而不是低并购溢价。

3. 其他财务特征的影响

公司的 IPO 成长性管理、融资约束、资产专用性等财务特征也会影响并购决策。张丽敏等（2020）基于实物期权理论和信息不对称理论，研究发现并购成为创业板上市公司在 IPO 后为托住 IPO 成长性管理的一种手段，IPO 成长性管理促进了企业并购次数、增加了企业并购规模，而且这一关系在临近解禁日时表现得更强烈。葛结根（2017）研究发现并购行为能够扩展融资渠道，并且能够增加资本存量配置效率、缓解融资约束，并购后企业现金持有水平、现金流敏感性均有所下降，投资水平上升。徐虹等（2015）研究认为随着市场竞争度和资产专用性的增加，企业横向并购的可能性呈现出先升后降的趋势。王佳星和刘淑莲（2020）基于契约视角，研究得出专用资产投入能够传递信息，专用资产投入较高的公司在并购市场中容易被选中作为并购目标方。

（三）企业并购决策的动因研究

从是否创造价值角度来看，企业作出并购决策的动因可大致归为两类，一是以企业价值增值为目标导向，二是以获取私有收益增加为目标导向（Devers 等，2013）。

1. 以企业价值增值为导向的并购动因研究

（1）增加市场份额。若某一市场中存在较少数量的企业，则会减少竞争，从而获取更多的垄断利润（Collins 等，2009），因此企业进行并购的动机之一就是增加市场份额，但这一并购动机容易导致垄断。Kim 和 Singal（1993）对美国航空飞行公司进行研究后发现，在并购后航空服务价格上升。黄坤和张昕竹（2010）选定可口可乐拟并购汇源作为研究的案例，进行了竞争损害分析，发现若并购得以发生则果汁市场将会产生显著的单边效应，损害竞争。尤其是在平台经济领域，企业并购抢占市场份额的动机更加强烈，甚至出现“杀手并购”等损害潜在竞争的现象。

（2）实现协同效应。并购的动机是为了达到经营、管理和财务等方面的协同。协同效应的实现一方面体现为效率的提高，另一方面体现为成本的降低。Banker 等（2003）研究认为一些依赖于长期资产的行业在并购后资产的使用效率大有增加，公共服务行业在并购后运行效率也得以提升。Meyer 等（2009）研究发现相比于以新进入的挑战者身份进入市场，通过并购跨越市场壁垒能够耗费更低的成本，效率更高。Karim（2006）研究认为通过新产品研发、生产、投入市场会耗费大量的企业资金，而通过并购则能够节约成本，是一条推出新产品的捷径。Wan 和 Yiu（2009）认为企业管理层已经认识到上述优势，将并购作为一条降低开发成本、规避风险的重要举措。

（3）获取稀缺资源。Nason 和 Wiklund（2018）的研究表明初创期企业成长依赖于核心资源，企业实现高质量增长依赖于多样性资源。因此，企业并购的一个重要动机就是获取稀缺资源，这些资源既可以是有形的、也可以是无形的。通过进行并购能够突破资源限制，降低对外部资源或联盟伙伴的依赖度（Wang 和 Zajac，2007），基于资源基础观的研究发现，并购后企业股票超额收益率与并购双方资源互补度有显著的相关关系（King 等，2008）。徐经长等（2020）研究发现创新是企业并购的驱动因素，创新投入和产出较高的企业倾向于成为主并方，创新投入越多但产出较少的企业易成为被并方，成功完成并购活动的企业具有较高的创新产出。佟岩等（2020）从并购动因出发，研究了不同并购动因对收购公司的创新产出的影响，发现创新动因的并购对创新产出的正向影响更高，但这种影响存在时滞性。张文珂等（2017）研究了不同信息风险类型对企业并购的影响，发现基本面信息风险、基本面信息风险增量变动较高的企业容易成为并购标的。张学勇等（2017）认为获取并购标的的创新技术是并购的主要动机之一，且并购创新性较强的企业后，无论是短期还是长期股票收益均表现得更好。蒋殿春和唐浩丹（2021）研究发现区别于传统经济，数字型跨国并购中，被并方所在国的市场规模和地理距离不再是决定企业海外并购的因素，东道国的数字技术和研发资源成为并购驱动因素，技术寻求的动机更强烈。此外，在平台经济领域，企业并购的动机为获取用户、数据、流量等稀缺资源，构建自身平台生态圈等。

2. 以获取私有利益为导向的并购动因研究

（1）管理层谋求私有收益。大量的研究已经证实了高管追求薪酬增长与并购扩张之间的关系。Harford 和 Li 等（2007）研究发现，主并方的 CEO 在进行并购后，其薪酬将会大幅增加。Grinstein 和 Hribar（2004）研究发现，无论并购是否取得了更好的绩效，高管的薪酬均得到了提升。因此，获取高额薪酬是管理层发起并购的动机。Fong 等（2010）研究发现管理层的相对薪酬若比较低，那么会倾向于发起更多的并购。Seo 等（2015）认为当高管的薪酬低于行业均值时，能够激发管理层进行更多的并购，从而获得薪酬的增长。张洽和袁天荣（2013）、张洽（2013）实证检验了 CEO 追求私有收益是企业频繁并购的动因，且 CEO 权力寻租行为导致了更低的并购绩效。李善民等（2020）的研究发现在中国的金融市场上，当某家上市公司的股票价格被市场低估时更倾向于发起并购，虽然市场表现更好但并未产生协同效应，这一现象在信息不对称程度高的企业中和融资约束低的企业中更为明显，且董事和高管在股价低谷时倾向于增持股票，随后积极发起并购。研究结论并未支持过度估值理论，而是支持了并购的信号传递理论。

（2）管理层追求权力和地位。帝国构建理论认为经理层具有帝国构建动机，经营规模扩大后 CEO 通常能够拥有更多的权力和自主决策空间，从而增加堑壕效应，稳固其地位。Tosi 等（2000）的研究发现，管理层进行并购的原因在于追求更高的社会地位，扩展获取社会财富的路径。Seth 等（2002）研究认为并购使得企业规模扩大、经营复杂性上升，董事会对管理层的监督变得更加困难，从而降低了管理层被解雇的风险。Hambrick 等（2005）研究发现并购扩大了管理层自由裁量权和内部交易权力，CEO 获得潜在收益的可能性增加。Chikh 和 Filbien（2011）以法国企业并购事件为研究样本，发现当发布并购公告后，即使收到了显著为负的累计超额收益，仍然不会停止并购项目实施，这一现象与管理层追求权力地位密切相关。

（3）大股东掏空动机。Johnson 等（2000）将大股东侵占上市公司其他股东利益的行为称为“大股东掏空”，常见于关联并购中。Bae（2011）对韩国企业内部并购进行研究后发现，当并购公司的市值下降时，其控股股东能够从财团内部其他企业中获取收益的弥补，为大股东掏空提供了证据。黄岩和刘淑莲（2013）从大股东掏空视角，以存在大股东利益输送的关联并购为研究对象，研究发现对业绩差的企业实施关联并购是大股东进行掏空的行为。赵国宇（2017）研究了大股东并购掏空的途径，发现通过并购来获取控制权并更换 CEO，随后与新任 CEO 进行合谋，同时该研究还发现如果并购标的是低质量企业，实施的是跨行业并购，那么进行掏空是并购的主要动机。此外，若控制权转移和 CEO 更换同时发生，大股东的目的是通过与高管合谋来进行掏空。

二、企业并购定价

企业并购定价的研究关注点在于能否进行合理定价。近年来，并购交易过程中的“高溢价”问题突出，随后大规模计提商誉减值，产生商誉泡沫，导致业绩爆雷。

（一）企业并购定价的影响因素

1. 管理层特征与企业并购定价

管理者特征影响企业并购定价。Roll（1986）最早将管理层的心理预期偏差引入企业并购的研究中，提出了管理层过度自信假说，指出管理层容易高估自身的能力和知识，导致并购定价过高，支付过高费用，形成并购溢价。Hayward 和 Hambrick（1997）以美国的并购事件为研究对象，研究发现管理层自负导致了高溢价的产生。国内的研究发现，存在的管理者过度自信越大，企业的并购溢价越高，相比于国企，在民企中过度自信对并购溢价的影响更加显著，债务容量能够加强二者的关系（潘爱玲等，2018）。曾宪聚等（2020）基于烙印理论、高阶理论，研究了高管从军经历对并购溢价的影响，研究发现，从军烙印带来的高自信和高执行力使得在并购活动中倾向于支付更多的并购溢价，且行业竞争程度越高，该影响越强。Custodio 和 Metzger（2013）研究认为当收购方 CEO 在目标方所在行业具备行业经验时，异常公告回报率比没有目标方行业经验的 CEO 公司高出 1.2 到 2.0 个百分点，这是由于行业专家级 CEO 通常会协商更好的交易，并为目标公司支付较低的溢价，当信息不对称程度较高时这种效应更强。

除了上述特征，并购定价决策还受到管理者决策锚定效应[①]的影响。陈仕华和李维安（2016）研究了锚定效应对企业并购溢价的影响，认为企业并购溢价会受到非理性因素干扰，该研究将锚定效应分为内在和外在两种类型，认为当仅存在一种锚且锚值越高，则并购溢价越高，当两种锚都存在时，内在锚会显著影响溢价，外在锚对溢价的影响逐渐减弱。

2. 管理层私利与企业并购定价

高管追求权力与私有收益会影响企业并购定价。Shleifer 和 Vishny（1989）的研究提出管理层倾向于构建商业帝国，以此来扩大自身的影响力和权力，但在并购中倾向于过高定价，实施高溢价并购。Cho 等（2016）研究发现高管以提升个人影响力、提高薪酬水平、增加权力为动机作出的并购决策往往支付了更高的溢价，且 CEO 的声望越高，定价越高。

并购定价的过程是复杂的，不仅要对并购标的进行价值评估，还要考虑到市场、行业、并购协同效应大小等因素，最终由并购双方进行博弈谈判确定价格。在并购过程中，需要管理层作出诸多努力、充分博弈、审慎决策。Guo 等（2019）研究认为主并方的高管

① 锚定效应：最早由 Tversky 和 Kahneman 于 1974 年提出，指的是一种心理现象，当人作出判断时受到第一印象的影响较大，就像海底的锚一样将人的思想固定在海底的某处，在决策情境中，决策者会赋予初始信息更多的权重。

付出的努力越多则并购双方的信息不对称程度越低，从而能在交易谈判时取得优势地位，压低价格。

高管薪酬外部公平性也会影响并购定价。Alexandre（2006）研究认为当高管薪酬低于外部的参照点时，高管的努力程度会有所下降。因此，当高管感知不公平时，在并购中表现出的消极懈怠等不尽责行为将会影响到并购定价。潘爱玲等（2021）对此进行了研究，发现高管薪酬的外部公平性越低，则在并购中的支付了更多溢价，该研究还发现机构投资者可以对此进行预判识别，采取防范措施抑制薪酬不公平性对并购溢价的促进效应。

3. 信息不对称与企业并购定价

信息不对称理论认为并购双方之间存在信息不对称，主并方无法完全掌握目标公司的内部信息，只能依靠公开信息、尽职调查获取的信息等部分信息来进行谈判定价，从而造成过度定价导致并购溢价。Dhaliwal 等（2016）认为在并购交易中，目标公司具有信息优势，会披露对自己有利的信息，隐藏不利的信息，从而获取更多的并购溢价。李曜和宋贺（2017）研究发现相比于无风险投资的并购事件，有风险投资支持的并购能够取得更好的短期和长期绩效，这是由于风险投资降低了并购双方的信息不对称水平，主并方在并购中对目标的估值能力降低了并购成本，支付了更低的并购溢价，从而提高了并购绩效。赵璐和李昕（2018）的研究认为当并购交易存在信息不对称时，目标方的财务信息质量是进行并购决策的重要依据，当目标方的财务信息质量较低时，主并方无法获取目标方的全部信息，从而支付了更多的溢价，而当目标方的财务信息质量较高时，由于缓解信息不对称从而降低并购溢价。Chen 等（2018）的研究也指出，在信息不对称程度更高的并购事件中，被并方的财务报表可比性对企业并购效率的提升作用更加明显。张先治和杜春明（2020）研究了高管能力在企业并购价值创造中的作用，发现管理层能力能够降低并购溢价，这是由于管理层能力降低了并购双方的信息不对称。

此外，市值管理动机对企业并购定价也会产生影响。徐莉萍等（2021）研究认为，在控股股东进行股权质押的期间内，签订并购业绩承诺的概率更高、金额更大、期限更长，这是由于业绩承诺能够起到市值管理作用以此支撑起并购溢价，而且，当公司的股价下跌时，签订业绩承诺来进行市值管理的这一动机会更强。廖珂等（2020）从市值管理的角度研究发现控股股东股权质押后将会增加并购活动，发起规模更大、支付的溢价更高，得出控股股东主导实施并购的动机为市值管理、迎合市场，而投资者并未能识别出并购活动的市值管理动机。此外，在并购后进行商誉减值的可能性大有增加。任力和何苏燕（2020）研究了并购溢价对股权质押时机选择的影响，发现企业在进行并购披露的短窗口期内进行股权质押的可能性，且并购溢价越高，市场反应越强烈，在短窗口期内进行质押的概率越高。

（二）企业并购定价的经济后果

首先，过高的并购定价不利于企业并购价值创造。黄本多和干胜道（2009）的研究发现在高自由现金流量、低成长性的企业中，支付过高的并购溢价是导致较低并购绩效的直接、客观原因。柳建华等（2021）研究发现管理层能力越强，上市公司商誉减值水平越低，减值概率越小，原因在于管理层能力越强在并购时的估值能力和并购后的整合能力越强，因此能力越强的管理层做出的并购项目，表现出了更低的并购溢价和更高的长期并购绩效。张先治和杜春明（2020）的研究也认为在并购谈判时支付更少的并购溢价有利于后续并购协同效应实现。孙甲奎和肖星（2019）的研究也指出独立董事投行经历能够提升并购绩效，降低收购溢价则是其作用路径。Jory 等（2016）的研究发现评级的存在显著影响了并购定价，与非评级公司相比，由于评级的存在减轻了信息不对称的问题，交易支付的并购溢价较低，且并购后表现更优。

其次，过高的并购定价形成商誉泡沫，不利于企业经营与发展。魏志华和朱彩云（2019）研究发现超额商誉成为企业经营负担，严重影响了企业未来三年的经营业绩，这是由于超额商誉未能给企业带来协同效应，同时浪费了企业宝贵的资源，面临更高的融资约束，提高了企业债务融资成本。张新民和祝继高（2019）研究发现商誉降低了企业市场价值，这一负面作用在轻资产企业中更明显，这是由于高商誉降低了轻资产企业的资金周转能力和总资产收益能力，而在重资产企业中商誉能够与有形资产结合创造出较高的企业毛利率。周泽将等（2019）研究发现商誉成为企业承担较高风险的重要信号，企业商誉金额越高，承担的风险水平越高。王文姣等（2017）研究发现商誉可成为股价崩盘的事前信号，存在商誉的公司比未拥有商誉的公司拥有更高的股价崩盘风险。张新民等（2020）认为商誉减值披露能够引起负面市场反应，而较高水平内部控制能够对此产生缓解，进一步区分内控五要素，发现控制活动和信息与沟通这两个要素的缓解作用更强。杨威等（2018）研究发现，商誉引发了股价泡沫，增加了股价崩盘风险。市场对并购的过度反应累积了股价泡沫，并购后业绩下滑，导致崩盘发生。且在高商誉的企业中，高管减持规模显著更高。

三、企业并购绩效

在现有研究中使用的并购协同、并购收益与股东财富增加等与并购绩效之间具有相同的经济内涵，因此本书将其视为同一概念进行文献回顾。对并购经济后果的衡量主要有两类指标，一是用事件研究法计算累计超额收益率和长期超额收益来衡量，二是用企业并购前后的经营业绩指标的变化来衡量（Ahern 等，2015；Elnahas 等，2017；Lee 等，2015）。

（一）制度与文化环境的影响

1. 制度环境

制度环境方面，现有研究探讨了政治和监管不确定性、混合所有制改革、地方政府干预、交易所问询以及国资委绩效评价管理改革制度等对企业并购绩效的影响。Bonaime 等（2018）认为无论是宏观层面还是企业层面的并购活动都会受到政治和监管不确定性的影响，不确定性负面影响了并购活动，经济政策不确定性每上升一个标准差，则并购交易价值下降 6.6%、交易数量减少 3.9%。潘爱玲等（2019）基于混合所有制背景，以民营企业并购活动为研究对象，发现跨所有制并购能够显著降低债务融资成本，这一影响效应在会计信息质量较差、盈利能力较低、担保物品价值较低的企业中表现得更加明显。此外，加入制度环境要素，在市场化程度低、竞争性行业中，该降低作用愈加明显。李济含和刘淑莲（2021）同样基于混改背景，研究了混合所有制对企业并购效率的影响，发现混改提升了非国有股权比例，促进国有企业实现少而优的并购，降低了企业并购概率，但并购项目普遍取得较高绩效。潘红波等（2008）研究发现地方政府干预影响企业并购，在盈利样本中，政府干预能够降低企业并购绩效，在亏损样本中，政府干预能够提高企业并购绩效，支持了政府的“掠夺之手”① 理论和“支持之手”② 理论。李晓溪等（2019）基于并购重组报告书，研究发现交易问询函能够通过降低并购信息不对称来提升并购绩效，交易问询函能够识别并购中的潜在风险，那些信息不对称程度较高、报告书信息披露质量差的并购企业更易收到交易问询函，在收到问询函后信息披露改善较多的被问询样本获得了更高的并购成功率，未来的并购市场绩效也越高。李广众等（2020）以国资委 2006 年和 2008 年发布中央绩效评价管理改革文件为研究契机，运用双重差分法研究了相对业绩评价（RPE）对企业并购的影响，发现是否实施 RPE 和 RPE 实施强度减少了国有企业实现协同效应的并购活动。

2. 文化环境

Breuer 等（2020）研究了不同文化背景下投资者的时间偏好对并购结果的影响，发现投资者的未来导向行为会显著改善并购后业绩，而短期导向行为会恶化收购业绩，且投资者未来取向对收购业绩的积极影响在投资者保护程度更高的国家更为显著。李路等（2018）的研究以方言距离代表企业文化差异，研究了主并方和被并方之间的方言差异如何影响主并方股东财富，发现二者之间的方

① 政府掠夺之手理论：面对政策性负担和政治晋升压力，地方政府会利用国有企业实现政治目标，由于这些目标与企业价值最大化目标不一致从而产生了政府的掠夺效应。

② 政府支持之手理论：基于软预算理论和政治庇护理论，由于政府和国有企业之间具有所属关系，相比于民营企业，政府会将所控制的稀缺资源向国有企业倾斜，表现为政府的支持效应。

言差异越微弱，并购绩效越高，而当非正式制度互补作用更强，信息不对称情况越严重时，二者的关系越明显，普通话的普及程度降低了这种影响效应。李路等（2020）实证研究了主并方管理层的语言与目标方所在地语言之间的差异能够对企业并购绩效产生影响，并通过文化效应发挥作用。蔡宁（2019）认为文化既可能增加并购整合成本，也可能带来并购双方学习效应，研究发现方言差异越大，并购市场反应越好，并购的长期绩效越高，支持了学习效应假说。王陈豪等（2020）以姓氏集中度作为宗族文化的代理变量，发现宗族文化差异能够带来更高的企业并购收益，由于宗族排外性特征使得宗族文化地区掌握着更强的社会关系网络和社会资本，当收购宗族文化浓厚地区的企业后，容易借此进入地方社会网络，吸纳社会资本，从而加强企业市场竞争力，取得更高并购收益。

（二）股东与高管特征的影响

1. 股东特征

股东特征影响企业并购绩效，现有研究关注了关联股东、风险投资以及私募投资等对企业并购的影响。刘健和刘春林（2016）基于关联股东构成的并购事件网络，研究发现当关联股东具有并购经验时，能够对企业并购绩效发挥积极作用，事件企业的结构洞越多，事件企业的中心性越弱，作用越强。李曜和宋贺（2017）以创业板上市公司为研究对象，发现风险投资支持对企业并购宣告日后的短期绩效和长期绩效均有促进效应，且风险投资的声誉越高、风险投资参与度越高则并购绩效越高，机制检验发现风险投资能够缓解信息不对称来降低并购溢价，能够强化内部控制提高整合能力从而提升绩效。黄福广等（2020）研究发现当标的企业有风险资本参与时，并购的短期和长期市场绩效均更高，这是由于风险资本能够利用所掌握的资源和所具备的专业能力参与到并购过程中，提高协调效率，产生协同效应，从而提高绩效。杨超等（2018）研究认为签订业绩承诺协议的企业并购绩效会更高，若标的方原股东有私募机构，可降低二者的正向关系。

2. 高管特征

高管特征与企业并购绩效的相关文献可以进一步区分为高管个人特征和群体特征两个层面。

从高管个人特征来看，Wang 和 Wu（2020）研究发现管理者的控制利益扭曲了公司的收购决定，带来了约 17% 的价值破坏型收购，阻止了约 12% 的价值增值型收购。Glambosky 等（2020）的研究指出现金股利政策作为一种约束机制，能够限制自利主义的帝国构建并购项目，为了保持其维持股息的能力，派息的收购方会寻求那些能够保持或增加自由现金流的收购目标。因此，与非派息收购方相比，派息收购方作出的并购决策能够得到更加积极的市场反应，带来更好的并购绩效。周中胜等（2020）考察海外背景高管对企业并购的影响，研究发现海归高管能够提升企业海外并购绩效，高管团队中的海归人数越多则绩效越高。Zhou 等（2020）通过对 1999—2015 年美国 16516 家并购企业的大样本分析，发现长期 CEO 在并购交易中往往比短期 CEO 创造更多的股东价值，长期任职的首席执行官更有可能收购私人目标公司，并在同一行业和国内市场进行收购。Jeganathan 等（2021）的研究认为独立董事和 CEO 的并购经验能够在实现并购价值的过程中发挥积极作用。

从高管团队特征来看，赵乐和王琨（2020）探究了高管团队的内部网络结构是否能够影响企业并购绩效，发现高管团队内部网络越稳定，高管团队成员之间由于沟通有效性从而产生更好的并购绩效。Qian 和 Zhu（2018）研究了收购前管理团队资本配置能力对企业并购业绩的影响，发现收购方的收购前净投资回报率越高，则并购后的经营业绩和长期异常股票回报率越高，这得益于资本配置能力在并购后的延续，若交易后发生 CEO 更替，则并购前净投资回报与收购后业绩之间的联系就会减弱，这说明收购方的投资效率与公司管理团队的特点有关，首席执行官是不可或缺的部分。Nguyen 等（2020）研究了高管团队"晋升锦标赛"激励对企业并购的影响，发现基于锦标赛的激励措施与公司的收购性和收购公司的股票和经营业绩正相关，且积极的收购业绩增加了首席执行官在收购公司内部被晋升的可能性。因此，基于锦标赛的激励措施激励收购公司的经理作出更大的努力，承担更多的风险，从而获得卓越的收购业绩。

（三）并购特征的影响

是否聘请并购财务顾问、并购交易信息披露、竞标者的股票错误定价及并购方产权性质等并购特征均会影响企业并购绩效。从财务顾问角度来看，宋贺和段军山（2019）研究发现若财务顾问与并购方存在利益上的冲突，能够降低并购绩效。聘请关系型财务顾问和声誉财务顾问，由于得益于关系租金和声誉鉴证，能够降低并购溢价、节约并购时间、提升并购进程，提升并购绩效。Bao 和 Edmans（2011）研究了投资银行对并购协同实现的影响，发现投资银行对并购绩效具有显著的正向影响，这是由于投资银行有能力识别收购或谈判条款，具有拒绝不良交易的可信度。从并购交易信息披露角度来看，Guo 等（2019）研究了在股权或债务发行时是否披露并购意图对后续并购溢价及绩效的影响，发现披露合并意图的公司往往比未披露的公司发行更大规模的股权或债务，但随后在并购交易中支付了更多的并购溢价，创造了更低的并购价值。从竞标者股票错误定价角度来看，多数研究认为股票定价过高是并购动机之一。Li 等（2018）研究发现被高估的收购者排挤了高协同效应的收购者，导致并购市场效率低下，且股价被高估的竞标者强加于协同投标人的巨大负外部性，即被高估的竞标者不仅排挤了协同竞标者，而且推高了收购价格。从并购方的产权性质角度来看，王艳等（2020）研究了民营企业进行并购能否持续创造价值实现协同效应，发现并购溢价是优质资源的表征，溢价与超额收益组成的利益捆绑机制提升了并购绩效，并购协同效应通过提升全要素生产率来促进并购价值提升。此外，该研究还认为方言差异对并购溢价这一不完全契约具有治理效应，方言差异较小时，全要素生产率的中介作用有所加强。

第三节　关于董事会特征与企业并购的研究

董事会作为企业的最高决策层，既需要对企业重要项目作出决策并利用自身社会资源为企业谋求发展，同时还应对管理者行为进行监督来降低第一类代理冲突（Minichilli 等，2012）。梳理董事会特征与企业并购决策相关文献可以发现，其研究脉络主要沿董事会咨询与监督两方面职能展开。

（一）董事会咨询职能与企业并购研究

董事会咨询职能相关研究主要以资源依赖理论为理论基础展开。McDonald 等（2008）认为董事会决策效率取决于董事会拥有的能够发挥作用的关键性知识资源，董事成员通过为企业提供更多的信息和资源来影响企业决策结果，研究发现董事会将在其他公司的专业知识和经验用于特定类型的收购决策中，这种经验和专业知识将对公司的并购绩效产生积极影响，且当董事会独立于管理层时，外部董事与并购相关的专业知识将发挥最大作用。Faleye 等（2011）研究发现兼任其他企业 CEO 的繁忙董事因具有企业运营经验能够为董事会提供更好的经验信息支持决策，从而优化企业并购方案，取得更好的并购效果。同时，Masulis 和 Mobbs（2011）研究发现内部董事兼任其他企业董事职位时，有助于作出更好的并购决策。Wang 等（2015）研究发现董事会拥有更多行业内专家型董事时，多元化并购能够取得更好的市场绩效，这是由于行业专家型独董能够缓解并购双方信息不对称，从而避免了估值过高带来的高溢价并购问题。

陈仕华等（2013）研究认为董事联结对企业并购行为产生影响，与主并方存在董事联结关系的企业更容易成为目标方，且董事联结并未显著影响并购短期绩效，对长期绩效具有正向促进作用。田高良等（2013）研究发现并购双方存在连锁董事时，无论是对主并方还是被并方的并购绩效都产生了负面影响，原因在于连锁董事更多基于个人利益主导并购，该负面影响在公司治理机制完善的企业中有所缓解。万良勇和郑小玲（2014）基于结构洞理论，研究指出董事网络结构洞越丰富越有利于企业快速获取并购信息与并购机会，从而促进企业并购行为，该促进作用在市场中介发育落后地区更加明显。晏国菀和谢光华（2017）研究了联结董事社会声誉对并购绩效的影响，联结董事通过改善信息不对称来提升并购绩效，发挥更好的咨询职能，体现为“声誉机制”，但当被并方代理问题严重时，监督职能难以发挥而损害并购绩效。孙甲奎和肖星（2019）研究发现，投行独董虽不能影响并购决策，但是当收购宣告时独立董事正在投行任职，或收购方 CEO 缺乏投行经历时，投行独董发挥咨询价值，抑制并购溢价和节约咨询费用是并购价值增加的两条作用机制。

（二）董事会监督职能与企业并购研究

董事会监督职能相关研究以委托代理理论为基础展开。CEO 是企业管理者最高职位，董事会监督职能发挥的一个重要表现在于对 CEO 行为的影响。尽管前述研究发现繁忙董事能够发挥更好的咨询功能，但繁忙的董事会对以 CEO 为代表的管理者监督较弱时，作出的并购决策并不利于创造价值。Field 和 Lowry（2013）研究发现，相比于非忙碌董事会样本数据，忙碌董事会作出的并购决策创造价值的能力更低，价值毁损型并购比例高出 5.2%。Benson 等（2015）研究了并购双方忙碌董事及忙碌董事兼任 CEO 对并购决策的影响，发现主并方的忙碌董事兼任 CEO 能够显著降低并购溢价，在并购交易过程中表现更加突出。Quigley 和 Hambrick（2012）研究发现当前任 CEO 在本公司中继续担任董事长时，作出的并购决策数量要少于 CEO 离职的样本公司。逯东等（2019）以我国混合所有制改革为研究背景，研究发现当非实际控制人拥有董事会权力时，减少了管理者自利型的低效并购行为，并取得了更高的并购绩效，呈现出“并购做得更少且更好”的高并购决策效率，非实际控制人的董事会权力在并购中具有治理效应。Field 和 Mkrtchyan（2016）的研究发现董事会具有并购经验的公司可以作出更好的收购决策，董事会的并购经验与并购累计超额回报率呈现正相关关系，这表明之前的经验可以使董事能够更好地监控和为首席执行官提供建议。Ghannam 等（2019）研究发现收购方的非执行董事权力降低了企业并购溢价，而且不太可能对其报价进行修改，同时增加了收购宣告日前后的市场反应，这是由于非执行董事（NEDs）通过增强董事会的监测和咨询能力来调节和限制管理层或 CEO 的行为。

综上所述，基于资源依赖视角，董事会是一种将企业外界环境依赖和资源获取成本最小化的机制安排，董事通过提供稀缺资源获取渠道、优质信息来源通道等帮助董事会作出更好的并购决策。基于委托代理视角，股东和管理者的目标函数存在差异，管理者作为内部人会存在道德风险与逆向选择的代理问题，董事会作为公司治理结构中的一项核心制度安排，可通过发挥监督职能使管理者的战略方向与股东价值增值趋于一致。因此，董事会特征能够对企业并购产生深远影响。

第四节　文献述评

通过综述董事会非正式层级与企业并购的相关文献，可以发现现有研究成果丰硕，这将为后续研究提供很好的研究基础和研究参考，但仍存在以下问题需做进一步研究。

（一）董事会非正式层级经济后果研究尚不充分

董事会非正式层级的研究尚处于起步阶段，关于其产生规律、秩序特征和度量方式的研究相对成熟，但关于非正式层级经济后果的研究尚不充分，现有研究基本认为董事会非正式层级在董事会决策中发挥不可忽视的作用，能够为董事会内部提供一种差异协调机制，从而影响企业战略变革、资本结构调整、投资效率和企业价值等，目前的研究尚未深入探讨非正式层级影响上述决策的作用机理。

（二）企业并购的研究较系统全面，研究结论并不统一

现有文献从宏观到微观、从外部环境到内部因素、从治理特征到财务特征等方面对企业并购决策、定价及绩效展开了较为系统全面的研究，但关于企业并购溢价与并购绩效的研究得出的结论差异较大，没有形成统一的结论。一方面是因为并购经济问题本身具有复杂性，另一方面是并购绩效的衡量指标多样，不同的研究目的和研究场景适用的代理指标不同，得出的结论就会存在差异性。

（三）董事会特征与企业并购的研究多集中在董事会静态特征

董事会如何影响企业并购已经成为公司治理领域一个较为重要的话题。现有的文献多从降低了企业对外部资源依赖程度、缓解了管理层代理成本两个方面入手研究董事会对企业并购的影响及作用机制，且主要聚焦于董事联结、董事会规模、董事会独立性等因素，主要将研究重心放在董事会正式结构及董事会个人经历等静态特征，尚未从董事会动态交互视角对此展开系统研究。即现有研究多基于董事会静态个体特征与结构特征而忽视了董事成员之间的动态交互特征。

（四）董事会非正式层级对企业并购的影响及机理尚未得到充分研究

现有关于董事会与企业并购方面的文献多将董事会内部成员看作影响力和地位同质化个体而忽视了董事会成员的社会资本和社会声望带来的地位差异。董事会是群体决策，成员之间的合作冲突等群体交互过程必然能够影响决策效率和治理效力，由于董事成员之间具有能力、社会资本和声望地位差异，这些差异会在董事会内部引致不平衡并形成非正式层级，引导群体交互行为，这为研究企业并购行为提供了新的董事会动态视角。然而，现有文献很少基于该视角深入探讨其对企业并购的影响及作用机理。

综上所述，从董事会动态交互视角研究董事会非正式层级对企业并购的影响是对现有文献的有益拓展。因此，本书将从董事会非正式层级角度研究董事会成员之间的动态交互行为对企业并购的影响效应，以期为现有研究提供更多的理论贡献和经验支撑。

第三章 基本理论

第一节 理论基础

一、企业并购理论

（一）并购效率理论

基于理性预期假设，新古典经济学认为企业是追求利润最大化的经济主体，其并购活动的初衷是实现效率效应，为股东创造财富。Harvery Leibenstein（1996）在研究内部资源配置效率时提出了效率理论。该理论认为企业并购不仅能够实现资本优化配置，而且有利于实现协同效应。Ansoff（1965）在所撰写的《公司战略》中将协同效应纳入并购理论研究框架，指出企业并购活动中存在经营、管理与财务三方面的协同效应，执行并购活动能够实现协同收益。即并购效率理论认为并购整合后的价值大于并购双方主体分离时的价值之和，产生了 1 +1 >2 的效果。因此，在并购效率理论框架下，效率的提升源于协同效应的产生，包括经营协同、管理协同与财务协同。

经营协同效应来自并购后的规模经济，主要体现在以下几个方面：（1）规模报酬递增。一是随着经营规模扩大，单位产品的固定成本降低；二是并购后职能管理部门冗余削减，管理成本降低；三是采用更加专业化的技术设备、进行更加合理化的分工提高了生产效率，从而使得规模报酬递增。（2）交易成本节约。两个企业合并以后能够将本属于外部的成本内部化从而节约交易成本，尤其是沿着产业链的纵向并购能够实现供应、生产和销售一体化。（3）产品优势延伸。两个企业实现并购整合后，一方原有的优势产品所具有的生产能力和品牌效应将会扩展到另一方实现产品优势延伸。综上，可以发现企业并购能够达到经营上的协同效应。

管理协同效应包括以下两个研究角度：（1）差别效率理论。该理论指的是并购双方在管理效率上有差异，并购后管理效率高的一方将先进的管理经验和管理模式应用于管理效率较低的一方，从而使得合并后的企业产生整体管理效率的提升。这样一来，具有较高管理效率的公司就有了收购一家管理低效公司的能力。（2）无效率管理者理论。无效率管理者指的是没有能力将企业经营潜力发挥出来的管理者，通过并购来更换这些无效率管理者，从而使得现有企业资产得以有效经营。该理论隐含的前提是：当公司股东无法更换现有管理者时，只能通过实施代价高昂的并购活动来更换管理者。

财务协同效应指的是并购活动能够实现用资成本降低、融资能力提高、合理避税等财务利益。首先，实施并购后，通过将企业投资活动内部化来实现资本配置效率的提升，降低用资成本。例如，目标公司现金流薄弱，破产风险较大，资本成本较高，当并购方公司拥有丰富的现金流时，可以并购该目标公司来降低资本成本。其次，并购活动能够提高融资能力，一方面并购能实现并购双方资源共享从而降低对外部资金的依赖程度，另一方面企业规模扩张带来的可抵押资产增加，从而提高了融资能力。最后，并购后变为一个会计主体能够享受税收节约。此外，从生命周期角度来看，成长期和衰退期企业的现金流和投资机会相差较大，进行并购后能够实现资本配置效率的提升。

（二）委托代理理论

上述并购效率理论中的规模经济较好地解释了横向并购行为，交易成本理论较好地解释了纵向并购行为，均为提升并购效率提供了解释角度。然而，在现实并购中存在大量的低效率并购甚至是无效并购，并购效率理论无法对此作出充分解释。基于上述背景，委托代理理论从微观个体行为角度对并购行为作出了解释。

委托代理理论的背景是两权分离。随着经济社会发展，企业的组织形式由业主制变为公司制，企业组织形式的变化带来了企业经营权和所有权的分离，委托代理关系随之出现。所有者（股东）的目标是实现股东财富最大化，以 CEO 为代表的经营者的目标是实现自利，由于所有者和经营者之间存在信息不对称，信息优势方是管理者，这增加了监管难度。因此，在信息不对称条件下，管理者与经营者目标函数的差异导致代理冲突，与公司价值最大化目标偏离产生的损失以及为监督管理者履约而付出的成本属于代理成本的范畴。

基于委托代理理论，不完全契约导致管理层道德风险和逆向选择，出现规避风险、高额在职消费等攫取股东利益的行为。为降低代理成本，主要有监督和激励两种方式：（1）监督。一方面通过安排合理的公司治理结构、强化内部控制等组织机制来约束经营者，另一方面可通过资本市场监督和经理人市场等市场机制来约束经营者。(2) 激励。主要是通过优化薪酬契约，授予股票期权等途径来实现管理者有效激励。当上述方式无法解决代理问题时，并购也可成为解决代理问题的一种外部监督机制（Fama 和 Jensen，1983）。然而，并购并非解决代理问题的有效途径反而成为代理问题本身（Mueller，1969），作出并购决策的管理者存在自利动机。与本书关联度较大的关于并购的委托代理理论概括起来主要有以下三种。

1. 管理主义理论

管理主义理论指出，并购并非解决代理问题的有效方式，反而成为一种管理者代理问题的表现。在管理者和所有者目标效用函数异质的条件下，Mueller（1969）提出了管理主义假说（Managerial-lism），认为管理者为了更高的报酬具有很强的动机追求企业规模扩张，具有很强的可能性去接受绩效较差的并购项目，损害股东财富来增加私有收益。Firth（1980）研究结论表明在进行并购后管理者两年内收益增加约 33%，未进行并购的管理者其收益仅增加了 20%。此外，Shleifer 和 Vishny（1989）的研究认为，管理者进行并购实现规模扩张目的在于增强企业对现任管理者的依赖性，这进一步验证了管理主义理论。

2. 管理者自负假说

在管理主义理论之后，Roll（1986）提出了管理者自负假说，该理论认为管理者通常会高估自己的能力，在企业并购中表现得过度自信和过度乐观，认为自身能够发现那些价值被低估的项目，但由于盲目自信和并购双方的信息不对称，使得收购方在并购中定价过高，进行高溢价支付，最后因并购整合失败而告终。自负假说与管理主义理论不同，自负假说并不认为管理者是机会主义的，其并购决策的出发点是实现企业价值增值，但主观上的过度自信和盲目乐观导致并购中出现审慎性缺乏，为目标公司支付了过多的并购溢价，从而损害了股东利益。

3. 自由现金流量假说

基于委托代理理论，Jensen（1986）提出了自由现金流量假说。自由现金流指的是扣除净现值为正的资本支出以后，剩余在企业可以由管理层自由支配的部分。自由现金流量理论认为当企业持有更多的自由现金流量时会加重代理冲突，在进行企业并购时，适当地减少自由现金流量能够缓解代理冲突。詹森认为自由现金流量应当派发给股东，以此减少管理层能够控制的资源规模，从而降低代理成本，或者调整融资结构，增加负债融资比例，引入债权人治理，增加债权人对管理者的监督。

二、信息不对称理论

古典经济学认为，市场并不需要政府的主动干预即能达到“出清”状态，也就是说，市场存在一种隐形的机制能够使市场供给和需求达到均衡，实现市场资源的有效配置，这种隐形的机制也被称作“看不见的手”。古典经济学中的供求均衡状态的实现需要一个有效前提，即市场上的每一个经济主体都掌握充分信息，都是在完全理性的状态下作出的最优决策。但是，现实情况是，市场主体并非完全理性，一是因为市场主体的知识水平和认知能力各不相同，即使掌握了同样的信息也并不能进行科学决策；二是因为市场主体掌握的信息并非均等。信息不对称理论认为在市场交易中，参与交易的主体对商品的信息有不同的掌握程度，既有信息优势的一方，也有信息劣势的一方。信息优势方相对劣势方掌握的信息更加充分，因此可在市场交易活动中获取信息收益，并损害了信息劣势方的利益。在信息不对称的条件下，为行为人的道德风险和逆向选择创造了条件，这降低了市场效率，说明在市场交易体系中，政府应当发挥作用促进有序竞争。

信息不对称有以下表现形式：（1）信息源不对称。信息源指的是获取信息的渠道和来源，一般情况下能够从信息源头获取信息的主体是信息优势者。在资本市场上，信息源不同存在的情形表现为证券市场的筹资者即发行证券的上市公司比投资者即证券购买者拥有更多的信息，处于信息源优势。（2）信息时间不对称。信息时间不对称指的是信息获取者获取信息的时效性有所不同，一般情况下能够优先获取信息的主体处于信息优势地位。在证券市场中，优先掌握信息者如内部交易者能够尽快地作出交易决策，从而掌握优势。（3）信息数量不对称。一般情况下能够获取更多信息的主体处于信息优势地位，信息数量的不同导致交易地位、交易成本以及交易利益的不同。（4）信息质量不对称。能够获取高质量信息的主体处于信息优势地位，掌握的信息质量不同，必定有不同的交易决策。市场交易发生前，信息优势方通常会隐藏对自己不利的信息从而产生逆向选择问题；市场交易发生后，信息优势方会隐藏对对方不利的信息从而产生道德风险问题。

信息不对称广泛存在于并购活动中，并购双方之间存在信息不对称导致在并购估值、并购整合等系列并购活动中出现问题。（1）并购定价不合理。并购交易阶段对并购目标的估值是价格谈判的基础，仅靠公开的财务报告信息很难全面掌握目标方的实际经营情况和财务状况，因为财务报表并不能全面反映期后事项和表外资产等财务信息，当并购双方之间存在信息不对称时会严重制约收购方对目标方的真实价值把握，使得并购面临较大风险的同时定价过高从而支付了较多的并购溢价。（2）并购整合效果差。并购绩效实现的前提是进行良好的并购整合，并购后企业面临战略整合、文化整合、组织整合、人力资源整合、财务整合和业务流程整合等风险（袁天荣和杨宝，2014），据统计约有50%的并购案例因并购整合风险导致并购失败。若并购后的两个主体之间存在信息不对称，将会严重阻碍并购整合进度和整合效果，最终导致整合失败，并购价值实现更是无从谈起。此外，从并购双方角度看，并购尽职调查在并购之前进行，而并购绩效在并购后获得，并购双方之间存在时间上的信息不对称；从收购一方来看，被并方为获取更多的并购价值会选择性地隐藏不利于自身的有关价值评估的信息，加剧了信息不对称的问题；从被并一方来看，收购方同样会隐瞒不利于自身利益的信息，如当收购方倾向于使用股权进行支付时，被并方并不清楚收购方股票是否被高估，因此被并方通常会要求收购方给予更高的溢价。

三、资源依赖理论

资源依赖理论认为企业竞争优势来自企业资源创造经济租金的能力，而企业绩效的差异则根源于其所拥有或控制的资源差异（Penrose，1959；Wernerfelt，2011；Chatterjee 和 Wernerfelt，1991）。早期，组织理论认为企业组织是一个封闭系统，研究重点聚焦于组织内部规制、员工激励、沟通和控制等方面，较少探讨组织所处外部环境因素。在20世纪60年代，组织理论开始关注外部环境对组织产生的影响，将组织重新定位于开放系统，研究重点延伸至组织与环境关系、环境对组织运行的影响等。在此背景之下，资源环境理论开始得到研究，至1978年Pfeffer和Salancik的著作《组织的外部控制》发表后，资源依赖理论于是成为组织理论与战略管理理论中强有影响力的理论，并认为要想全面研究一个企业组织，必须要研究其组织的生态。

资源依赖理论源于并扎根于开放系统研究框架，认为一个组织存在于由众多企业组成的动态环境中，组织运行是为适应所处环境。资源依赖理论的基本假设是：任何组织都不能够脱离环境生态而存在，没有完全的自给自足能力和完全的自控能力，必须要与环境进行动态交互。在交互过程中，组织能够从环境中获取资源，资源的属性决定了组织对其的依赖程度。资源的属性包括价值性（Value）、稀缺性（Rare）、不可替代性（Inimitable）、难以模仿（Non - substitutable）等。没有这些资源组织难以运转，难以形成核心竞争力，更难以创造价值。资源依赖理论认为关注资源特征和要素市场特征应当成为组织的重要目标之一，以此来获取竞争优势，只有拥有和控制那些稀缺资源，才能创造经济租金获取超额利润。

归纳起来，资源依赖理论的主要观点包括组织的非自洽、资源控制者掌握权力以及组织动态调整三种（吴昊洋，2017）。（1）组织的非自洽。组织是一个有机系统，且具有开放性特征，需要从外部环境中获取或交换资源，这些资源包括但不限于财政资源、信息资源、物质资源、服务资源等，组织在从外部获取资源的同时也在输出资源，因为组织本身也构成了其他组织的环境。因此，资源交换是资源依赖理论中组织与环境的关系纽带。（2）资源控制者掌握权力。由于资源具有价值性、稀缺性、不可替代性和难以模仿性，因此掌握资源的组织必然获得了控制资源需求者的权力。权力是资源依赖理论中的重要部分，组织取得成功的关键就在于如何优化权力配置，权力的取得标志着外部环境对组织依赖性的上升，组织自身对外部环境依赖性的下降。（3）组织的动态调整。为了减少组织自身对外部环境的依赖程度，组织必须要为适应环境而调整自身的组织架构、职能结构和战略行动，由于环境是不断变化的，因此组织需要作出动态调整，其在处理与外部环境关系时是主动的、积极的，而不是被动的、消极的。如果是后者，那么很容易被环境淘汰。

环境依赖理论的核心问题是寻找降低组织互相依赖程度和对环境依赖程度的最优解。为解决组织间的互相依赖问题，并购成为策略之一。此外，还可以通过正式机制或非正式机制等途径来缓解，协调各利益相关者之间的关系。这些正式或非正式机制既可以是明确的协议规定，也可能是默许的社会规范等。根据资源依赖理论，董事会是一种将企业外界环境依赖和资源获取成本最小化的机制安排，董事会中不乏具有社会资本的董事成员，或者在其他公司兼职董事，或者具有财会、金融、学术、法律、研发等专业知识背景，或者具有政治关联，董事会通过为企业提供稀缺资源获取渠道、优质信息来源通道等降低企业面临环境的不确定性，从而在复杂多变的经营环境中获益。

四、关系契约理论

新制度经济学关注的核心问题是契约（Contract），完全契约理论假定契约是完全有效的，在任何情况下都能够被有效执行和严格遵守，但是在实际中，由于有限理性，任何制度都不可能做到百分之百完善，契约设计也并不能预估到所有问题，很多契约的执行需要依赖双方的合作交易关系以及抵押、声誉等保障机制。基于该现实背景，学者们研究提出了关系契约理论，该理论并不对契约中的条款作详细的规定，契约方的个人关系在契约中起着关键作用。

关系契约理论还处于发展之中，逐渐被广泛应用于管理学、法学、经济学等诸多学科，虽然各学科研究侧重点有所不同，但归纳起来，关系契约具有以下几个特点：（1）关系嵌入性（Relational Embeddedness）。关系的实质是契约所处的情境，其中的每一项交易都是嵌入在复杂关系情境中的，所以在考察某个经济事项的时候，需要将经济契约与关系情境结合起来。关系契约中的各方互动大多发生在合约之外，关系契约的执行需要合作与威胁、交流与策略等平衡机制作为保障。（2）时间长期性（Extended Duration）。关系契约持续时间长，时间的长期性将会促进和鼓励有效交易，且在长期交易中因信息交互而有利于建立合作和信任关系，减少彼此的机会主义行为。（3）自我履约性（Self - enforcing）。关系契约作用的发挥依赖自我履约机制，这是由关系契约的长期性决定的。（4）条款开放性（Open Terms）。契约各方对未来将要发生的问题基本会达成隐性或者显性的一致，且在契约履行中保持一定弹性。在关系契约理论中，声誉发挥重要作用，在一个重复博弈的过程中，当某一个体对其他个体产生影响时，其他个体会对其履约能力做出判断，并决定与之的合作关系，例如与一个具有良好声誉的企业缔结契约后通常会得到良好的执行，即使观点上有了分歧，也会得以较快地、更好地解决。

关系契约理论指出，相比于正式制度安排，基于信任和尊重建立起来的非正式制度关系更容易产生相互监督与协调，更有利于维持长久与复杂关系（Johnson 等，2011）。董事会非正式层级是董事会特征的一个重要方面，反映了董事成员声望地位的等级次序，是一种引导董事会内部运行的非正式机制。董事成员的社会资源越丰富，从社会关系网络中获取的先进治理经验越多，为董事会提供的资源和信息越多，在董事会中拥有较高地位（Magee 和 Galinsky，2008），更有能力作出正确决策，使低位成员对其产生更大的期待和依赖，这种期待和依赖能够转换为信任与尊重（He 和 Huang，2011）。根据该理论，社会资本嵌入组织管理并通过关系规则发挥作用的过程可称为关系治理，关系治理实质是一种协调机制，能够促进信息与资源共享（李敏和李良智，2012）。

董事会非正式层级可通过关系治理发挥作用，具体的关系规则可拆解为成员之间的支持、团结与共享。支持表现为高层级董事和低层级董事之间的双向支持，既体现为低层级董事对高层级董事的配合，又体现为高层级董事对低层级董事好的提议进行“背书”（武立东等，2018），因而在董事会内部产生一种隐性的互动协调机制，能够在有限时间内针对重要问题开展建设性对话，对董事会正式制度起到补充作用，使董事会决策兼具民主性与效率性。基于信任和尊重建立起来的社会关系有助于增进团结（Hogg，2001），团结产生于高层级和低层级董事双向支持的正强化，有利于增强董事会凝聚力，更好地完成团队任务。共享指的是董事会内部的信息共享，董事会非正式层级有助于在董事会内部建立清晰顺畅的沟通渠道，鼓励董事之间进行信息交流和经验共享。因此，董事会非正式层级通过引入关系治理，为董事会提供了一种有序交流合作的隐性机制，增强董事会并购资源整合能力和信息沟通效果，提升董事会运行效率。

第二节 董事会非正式层级对企业并购的影响机理分析

前文对董事会非正式层级以及企业并购的文献进行了梳理与评述，并对本书的基本理论做了阐述。本节将在前述基础上，进一步对董事会非正式层级影响企业并购的逻辑与机理进行分析，构建董事会非正式层级影响企业并购的分析框架，为后文的实证研究打下扎实基础。

一、董事会非正式层级影响企业并购的逻辑分析

作为公司治理核心，董事会的履职能力除了受到正式制度安排的影响，还会受到内部关系规则异质性的影响，如受信任和尊重不同而形成的非正式结构的影响。在我国差序格局环境以及董事会会议决策的双重特征之下，非正式制度可能发挥更加重要的作用，且能够弥补低效的正式制度安排（Estrin 和 Prevezer，2011；谢永珍等，2015）。溯源于社会经济学的关系契约理论强调了嵌入人际关系的社会资本对于实现组织任务的重要性，实现组织任务并非完全依赖于监督和激励等正式制度安排。新古典经济学的委托代理理论忽略了信任和依赖等关系契约也是相互监督的重要方式，Huse（1994）通过对中小企业进行研究发现信任是维持长久而复杂关系

最有效的方式。非正式层级是基于至少一个社会价值维度，在团队成员互动过程中产生的有序排列（Magee 和 Galinsky，2008），董事会非正式层级则是依据董事成员受到的尊重程度这一社会价值维度（多用董事社会资本来衡量）在董事会内部形成的一种非正式的差序格局，且这一非正式结构能够降低决策冲突和无效率行为（He 和 Huang，2011；陈仕华和张瑞彬，2020）。

因此，除了正式制度安排之外，构建董事会之间的信任关系从而优化董事会成员之间的动态交互行为，形成非正式制度关系网络，对改善董事会会议质量、强化董事会的监督和咨询职能、提高董事会决策效率是至关重要的。企业并购行为要取得更好的并购经济效果，必然需要高效的决策团队。董事会非正式层级一方面通过更好地整合董事会内部信息与资源从而对企业并购产生影响，发挥信息与资源整合效应；另一方面通过对管理者责任进行监督从而缓解并购中的委托代理冲突，发挥管理者责任监督效应。

（一）董事会非正式层级的信息与资源整合效应

董事会通过纵向监督和横向互动来实现监督与咨询职能，垂直监督效应的充分发挥依赖于董事会的独立性（Fama，1980），横向互动效果的实现则依赖于畅通的内部交流机制。董事会的正式结构具有一定的缺陷。从纵向监督角度看，若采取严格的措施约束CEO，容易导致董事会成员和 CEO 之间的信任危机，从而使决策过程变得难以协调。从横向互动角度来看，由于董事会普遍通过多元化的人员构成来获取更多异质性信息以便作出更好的决策，但多元信息和观点容易引发决策冲突。董事会为会议决策，会议决策规制是投票制，由于目前大多企业并未采取双重股权结构，因此遵循一人一票的投票规制，董事会群体内部并不存在清晰的上下级关系，同时群体内部也缺乏正式的决策协调机制。即董事会内部是一个水平型的团队，权力差距并不明显（Vandewaerde 等，2011）。在此背景下，非正式层级将发挥重要作用。

一方面，清晰的董事会非正式层级提供的互动与合作的隐性秩序促进了信息的有效流动。企业并购战略性强、持续时间久，且从并购决策、定价到整合等各阶段均面临着较高的风险和不确定性，需要掌握大量与并购有关的决策有用信息，董事会内部是否建立起有效的沟通与合作机制直接关系董事会信息传递与交流。首先，清晰的董事会非正式层级能够使每位董事成员获得明确的地位感和位置感，这是由于董事会成员在所控制资源上存在差异（Faccio，2010；Zhu 和 Yoshikawa，2016），对公司的贡献上存在差异（Oehmichen 等，2017），从而赋予董事成员预期地位上的差异（Veltrop 等，2017）。其次，预期地位的感知能够带来一种隐性的沟通秩序。在会议过程中，高位置董事因具有更加丰富的社会资源而具有更高的影响力，低层级的董事将给与更多的信任、服从和配合（He 和 Huang，2011），且低位董事提出的有价值意见被高位成员背书后将会得到更多的关注，从而有效引导董事会议关注有效信息，产生建设性对话。最后，清晰的董事会非正式层级降低了沟通成本。当董事会内部不存在清晰的非正式层级结构时，成员地位没有显著差异，当产生冲突时，并没有高位董事充当调解员的角色，容易产生内耗，降低效率，增加沟通成本。张耀伟等（2021）在研究董事会断层对企业投资效率的影响时，发现非正式层级能够提升董事会的信息多样化效应，降低董事会决策的冲突效应，这是由于非正式层级是董事会内部的一种差异整合机制。薛坤坤等（2021）在研究董事会非正式层级对企业创新的影响时，利用调查问卷设置四个问题“所有成员在董事会会议上自由发表观点”“为完成工作董事之间经常进行沟通协作”“董事会经常主动与其他成员互动与沟通”“董事会议具有培养批判、批评以及互动学习的良好氛围”，以此来衡量董事会信息分享程度，发现非正式层级结构能够有效促进董事会信息分享从而提升创新水平。上述研究结论均为本书论点提供了间接证据。因此，清晰的董事会非正式层级能够促进信息与资源的有效流动。

另一方面，清晰的董事会非正式层级促进董事将信息优势转化为信息资源并能够有效整合。在企业并购中会存在“信息优势—信息资源—并购决策”的传递链条，信息优势与信息资源并非等同，李善民等（2015）的研究中指出，要将信息优势转化为信息资源则需要权衡成本与收益的利弊。董事成员所掌握的信息优势并不一定等同于信息资源，而仅仅是一种潜在资源，这种潜在资源如何转化为信息资源则取决于董事的“意愿”。该意愿则是董事成员进行利弊权衡以后的结果，成本包括时间、精力以及人情等信息收集成本，利益则是信息资源给自己带来的收益，由于董事成员大多为社会精英人士，根据马斯洛需求理论，声誉和社会认同带来的效用不容忽视（Magee 和 Galinsky，2008）。高层级将会带来更多的物质利益和精神满足，激励董事成员投入更多的努力，在并购中出色地完成工作，从而获得更多的尊重和认可来保持较高层级，低层级董事往往提供更好的建议来获得其他董事成员的认可与尊重（Halevy 等，2011）。因此，清晰的非正式层级结构能够带来激励效应，是促进信息优势向信息资源转化的催化剂，能够促进董事将信息优势转化为信息资源。

此外，位于高层级的董事因具有更多的社会资本能够从所处的关系网络中获取更多的信息与资源，从而具备关于企业并购的先进经验和前沿认知，当董事会中存在这一清晰的非正式层级结构时，这些信息与资源能够得到更好的整合，从而有利于企业作出正确的并购决策。层级较高的董事成员通常具有完成团队任务的胜任力，具有更高的作出正确决策的能力，其他董事成员将会更加重视并遵循高位董事的意见（Veltrop 等，2017），给予其更多的支持。

综上所述，董事会非正式层级能够在企业并购中发挥信息与资源整合效应，由于与并购有关的决策事项十分复杂且面临着较高的不确定性，加上董事会会议时间一般较短（Leblanc 和 Gillies，2005），充分沟通掌握并购决策有用信息有助于作出正确并购决策。同时，当董事会内部出现冲突和分歧时，处于高位的董事能够充当调节者的角色，并引导产生建设性的对话（He 和 Huang，2011）。因此，董事会非正式层级的这一效应将直接带来董事会决策效率的提升。

（二）董事会非正式层级的管理者责任监督效应

董事会作为监督管理层责任的一项重要制度安排，如果董事会内部存在明显的非正式层级，将会明显提升董事会的管理者责任监督效力，具体表现为董事会监督能力和监督意愿的正向提升。具体来看，当董事会监督意愿和监督能力较弱时，管理层私利的动机越强，因为其满足私利的成本较低，从而在企业并购中产生更强的代理冲突。

首先，董事会非正式层级提高了董事会的监督能力。非正式层级为董事会交流提供了隐性的程序与规制，比如与谁交流以及如何交流等（He 和 Huang，2011）。因此，非正式层级加强了群体成员的沟通交流意愿，有利于多元化信息的传递与流动，降低信息交流成本。当董事会非正式层级愈加清晰时，由于信息来源渠道的畅通以及信息交流成本的下降，董事能够更加充分地掌握管理层在并购中的动机、能力与行为等信息，最终提升董事会的监督能力。Kaczmarek 等（2012）的研究同样指出当董事会内部存在冲突和分歧时，董事会的监督能力与动力、提供资源的能力与动力均有所下降，从而对企业产生负面影响。当私有信息难以有效传递时，公司内部的信息质量和准确性下降，导致公司内部信息透明度下降。然而，董事会非正式层级所提供的隐性信息交流机制能够增加信息的交流传递，增强公司信息透明度，提高董事会的监督能力从而在并购中发挥更好的管理者责任监督效应。

其次，董事会非正式层级增强了董事会的监督意愿。若董事会内部没有清晰的非正式层级结构，则缺乏对董事成员之间对抗与竞争的协调者，从而陷入矛盾与分歧，引发对抗与冲突，从而损害董事会团队的凝聚力，降低董事的监督意愿（Huse，2007；Li 和 Hambrick，2005）。在这一情况下，管理层很有可能会利用自身权力来干预董事会的并购决策，为自身谋私有利益。董事会内部建立起清晰的非正式层级则能够提升董事会的凝聚力，从而进一步保持董事会的独立性，避免董事会被管理层控制，同时增加了董事成员与管理层合谋成本，强化了董事会对管理者责任的监督效应。

最后，董事会非正式层级嵌入的关系规则本身就是一种监督。根据关系契约理论，基于信任和尊重建立起来的非正式制度关系更容易产生相互监督，更有利于维持长久与复杂关系（Johnson 等，2011），非正式层级就是在董事会内部建立起来的这样一种非正式制度，在重复博弈中依据信任关系相互支持获取个人效用，同时非正式层级的信息沟通机制降低了团队内部的信息不对称程度，从而避免了管理者私利动机对企业并购带来的价值损害。

综上所述，董事会非正式层级嵌入的关系规则为董事会提供了有序交流互动的隐性机制，降低了沟通成本、促进了信息流动，提升了董事会对管理者责任的监督能力和监督意愿。因此，董事会非正式层级能够在企业并购中发挥管理者责任监督效应，带来的是董事会监督效力的提升。

二、董事会非正式层级影响企业并购的作用机理

理论上，并购具有激发市场活力、优化资源配置的功能，然而在实践中并购是否真正创造价值却值得关注，有研究认为并购能够创造价值（唐兵等，2012；Li 等，2016），也有研究指出并购不但未创造价值反而损害价值（王艳和阚硕，2014；逯东等，2019），综合现有研究来看，普遍认为并购活动并未实现预期的并购绩效，出现了“损益之谜”“成功悖论”等现象。并购是企业重要的战略投资决策，并购能否产生价值增值是公司治理效果的重要体现。现有文献已经从股东、董事会和管理层等治理层面进行了探索（Kolasinski 和 Li，2013；刘健和刘春林，2016；Field 和 Mkrtchyan，2016；Qian 和 Zhu，2018，张洽和袁天荣，2020；刘衡和袁天荣，2021）。然而，还少有文献系统探讨董事会内部非正式结构对企业并购的影响。

综上所述，本书将聚焦于董事会内部非正式结构，考虑完整的企业并购流程，遵循各个环节之间逻辑关系的本质，选定企业并购决策、企业并购定价、企业并购价值实现三个关键阶段，系统分析董事会非正式层级对并购决策、并购定价以及并购绩效的影响机

理，如图 3 – 1 所示。

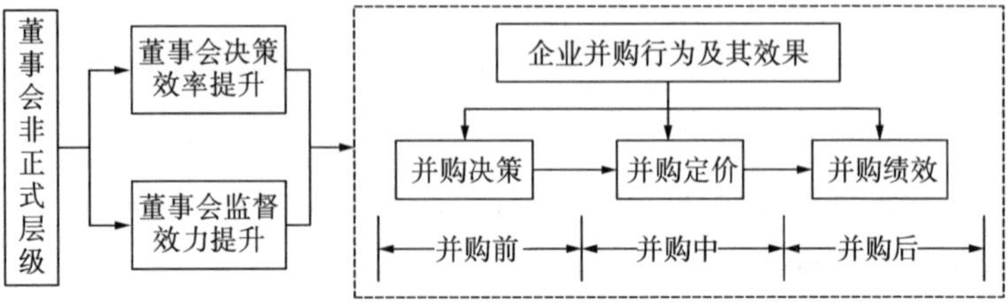

图 3 – 1　董事会非正式层级与企业并购机理分析框架

（一）董事会非正式层级影响并购决策的作用机理

在企业并购前的决策阶段，董事会非正式层级能够提升企业并购决策效率。董事会非正式层级更加清晰时，企业并购决策表现为“数量少、质量优”，即在并购项目选择阶段更加审慎，能够过滤掉“自利性”并购等低效甚至无效的并购项目，且并购决策能够获得更好的市场反应，在并购宣告日窗口期能够取得更高的累计超额收益率，并购决策效率有所提升。简而言之，本书认为董事会非正式层级对企业并购决策的影响机理是：清晰的董事会非正式层级通过减少无效并购项目来提升并购决策效率。

首先，董事会非正式层级表现得越清晰，对管理层的监督效力越高，管理层自利性并购的可能性越低。根据帝国构建理论，管理层倾向于构建自己的商业帝国，热衷于通过并购来扩大企业规模，以此来增加自己的资源控制权和人事任免权，同时增加自己的社会地位和社会声誉（Shleifer 和 Vishny；1989）。根据委托代理理论，由于股东和管理者二者效用函数存在异质性，产生了代理冲突，管理者尤其是 CEO 发起并购的动机往往并非为了实现股东财富增加或者实现并购价值增值，而是为了实现自己的私有收益（Chikh 和

Filbien，2011；张洽和袁天荣，2013；Wang 和 Wu，2020），如增加自己的薪酬水平、提高在职消费水平、扩大自己的影响力等。因此，可以发现在企业并购决策中发起的并购项目并非有效率，更多地体现为一种委托代理框架下的管理层“自利性”并购。

董事会是公司治理结构中的一项核心制度安排，能够通过行使监督职能来缓解委托代理问题，非正式层级结构能够优化董事会的治理效能，强化监督职能，促进作出更好的并购决策。一方面，清晰的董事会非正式层级通过关系治理增强了董事会群体的团结程度和凝聚力水平，通过增加管理者与董事成员的合谋成本来提高董事会独立性，增加董事会的监督意愿；另一方面，清晰的董事会非正式层级通过嵌入关系规则在董事会内部形成了隐性的沟通交流机制（He 和 Huang，2011），降低了董事会内部的沟通成本，使得有效信息得以有效流动，在有限的董事会会议时间内，有助于董事会掌握更多管理层并购行为信息，提高对管理层的监督能力。综上，在董事会内部构建起非正式层级结构能够增强董事会的监督意愿和监督能力，从而能够对企业并购决策中的管理者责任做出有效的监督，抑制“自利性”并购项目。

其次，董事会非正式层级表现得越清晰，作为一种差异整合机制，则董事会对信息与资源的掌握能力越强，更易对并购项目作出准确判断，提升决策效率。选择与公司发展战略相匹配的并购项目、作出更加高效率的并购决策，其前提是充分掌握与并购相关的信息资源。除整体把握宏观政策与行业趋势、本公司经营与发展情况外，还要充分了解被并方的优质资产、经营情况和财务状况等信息，以此来降低信息不对称程度。一是董事会非正式层级反映的是董事成员声望地位的差异，当某一成员兼职董事职位的数量越多、具有政治关联时，其拥有了较高的信息优势，但并不代表其具有信息搜索意愿。非正式层级结构能够发挥激励作用，促进董事更加出色地履职（马东山等，2020）。二是位于高层级的董事拥有更多的社会资本，能够从所处的关系网络中获取更多的信息与资源，具备更丰富的专业知识与前沿认知，能够结合企业内外部环境更好地识别并购项目的质量，并通过非正式层级结构引导董事会作出更好的并购决策。综上，非正式层级表现得越清晰，则能够为企业并购决策带来更多有价值的信息和资源，且能够促进信息与资源在董事会内部有效流动，从而在短时间内对并购项目作出准确判断，过滤掉低效甚至无效的并购项目。

因此，在企业过度并购、低效率并购的背景之下，构建起清晰的董事会非正式层级，能够减少无效并购项目，并购决策效率随之提升。

（二）董事会非正式层级影响并购定价的作用机理

并购定价是企业并购中关键一环，若定价过高、产生高额并购溢价，不仅不利于并购后的整合，而且损害并购绩效（黄本多和干胜道，2009；张先治和杜春明，2020），而且占用大量资产降低经营效率（魏志华和朱彩云，2019）。企业并购定价过高有多重原因，一是收购方与被收购方之间存在信息不对称，收购方无法对并购目标进行合理评估，仅依靠可获取的公开信息来进行定价谈判，从而导致过度支付，产生不合理的高溢价；二是管理者的非理性，在企业并购活动中，管理者并非是完全理性的，管理者自负理论指出管理者通常会高估自身能力，存在过度自信的心理特征，过度自信往往会低估并购风险、高估并购潜在的协同价值，从而产生不合理的高溢价。根据上述分析，董事会非正式层级能够为企业并购带来资源与信息的整合效应与管理者责任的监督效应。因此，在企业并购定价阶段，董事会非正式层级能够准确识别协同价值，降低超额支付的风险，从而降低并购不合理溢价，有效抑制并购商誉泡沫的产生。

一是董事会非正式层级通过降低管理层过度自信来抑制并购高溢价。行为金融理论认为管理者并不是完全理性的而是存在过度自信的非理性心理特征，且过度自信特征普遍存在于企业的管理者之中。一方面，管理者对自己能力过分高估，认为在并购后能够进行充分的资源整合，从而导致高估协同效应，支付过高并购溢价；另一方面，管理者认为市场对并购标的存在错误估价，认为市场并未合理评估标的价值，倾向于对目标企业进行高溢价支付；此外，管理者尤其是管理者与股东之间存在代理冲突，在谈判定价过程中可能会出于私利而作出有损企业价值和股东财富最大化的决策，管理者为完成并购项目而支付高额并购溢价。因此，当管理者存在过度自信时，导致收购方支付过高的并购溢价。随着建立起清晰的董事会非正式层级，对管理者责任的监督机制逐渐增强，从而抑制管理者过度自信，降低企业并购中的不合理溢价成分。

二是董事会非正式层级通过降低并购双方信息不对称来抑制并购高溢价。基于资源依赖理论，董事会是将企业对外界环境依赖和资源获取成本最小化的一种机制安排，通过提供突发事件信息通道、获取优质资源等渠道使公司获益。董事会非正式层级反映了董事会内部成员之间社会资本和影响力的等级层次，处于高位的董事会成员具有较高的社会资本和声望地位，越有可能接触到更多的资源，获取信息的能力更强。因此，高层级董事可以通过自身社会网络与关系获取目标企业经营状况的财务信息，并通过非正式层级在董事会内部有序传递，在谈判中能够依据更加充分的信息对目标公司作出更加合理的估值，从而降低并购溢价。董事会非正式层级有利于在董事会内部产生建设性对话，并激励董事积极履职，从而制定更加有效的并购方案，在并购谈判阶段掌握更多信息，降低信息不对称从而降低不合理并购溢价。

综上所述，在企业并购定价阶段，清晰的董事会非正式层级结构能够通过降低管理者过度自信、降低信息不对称的机制路径来降低不合理高溢价。

（三）董事会非正式层级影响并购绩效的作用机理

企业并购的最终目标是实现协同效应，创造价值增值。获取良好的并购绩效除与并购决策有关，还与并购后的整合有关，在并购后阶段，董事会非正式层级发挥的信息与资源整合效应和管理者责任监督效应，能够优化并购整合效果，促进并购协同效应实现，从而带来更高的并购经济效果。

一是董事会非正式层级通过降低并购不确定性来更好地实现并购绩效。高层级董事因具有更多社会职位，能够接触到更多的信息，尤其是先进的管理和治理经验，如信息资源、社会网络资源、专业能力资源等，获取更多目标公司公开信息背后的软信息，如目标公司声誉、资产质量、财务状况和供应链关系等，同时非正式层级赋予董事更多激励和动机深入研究该项并购是否符合主并方公司发展战略，减少低价值并购活动的发生。同时，这些信息与资源通过非正式层级形成的信息共享渠道在董事会内部有效传递，可为并购后整合工作提供资源支持，为并购整合计划制定、风险防范、解决执行中的难题等方面提出建树和解决方案，助力并购整合工作顺利开展，提升董事会对资源的整合能力和管理能力，从而降低并购不确定性，实现更高的并购绩效。

二是董事会非正式层级通过降低管理层代理冲突来更好地实现并购绩效。并购整合是并购过程中非常重要而又复杂的关键环节，面临战略整合、文化整合、组织整合、人力资源整合、财务整合和业务流程整合等风险（袁天荣和杨宝，2014），据统计约有50%的并购案例因并购整合风险导致并购失败，而并购后的顺利整合对管理层的努力程度和领导能力提出了很高的要求（唐兵等，2012）。董事会非正式层级带来的管理者责任监督效应可抑制管理层在并购整合中的道德风险和逆向选择行为，同时减少管理层因消极懈怠和畏难情绪给并购整合工作带来的负面影响，从而促进企业并购价值实现。即董事会非正式层级通过降低管理层代理冲突来取得更好的并购绩效。

综上所述，清晰的董事会非正式层级结构能够通过降低并购不确定性、缓解代理冲突的机制路径来促进实现更高的并购价值。

第四章 董事会非正式层级对企业并购决策的影响研究

第一节　问题的提出

并购作为企业重要的投资决策，不仅关系着企业的发展战略、决定着企业的经营边界，而且发挥着宏观层面产业结构调整和资源再配置的功能。近年来，在活跃的并购交易背后存在大量低效并购案例，这些低效并购案例多由利益侵占、权力寻租等动机所驱动，作出的并购决策与企业战略定位不相匹配，导致大量当初高价收购的资产进行清算和剥离，这无疑与上市公司高质量发展[①]的目标相悖。因此，探究企业并购决策效率的影响因素，找到企业并购决策效率的提升路径，在理论和实践方面均是十分重要的议题。

现有关于企业并购决策影响因素的研究主要围绕协同效应理论

① 《深交所：支持上市公司通过并购重组实现高质量发展》，2020 年 1 月 16 日，https：//baijiahao. baidu. com/s？ id = 1655881294126857275&wfr = spider&for = pc。

和委托代理理论两个分支展开。协同效应理论认为提高生产效率和管理效率、实现规模经济和范围经济是并购发起的主要决策动机；而委托代理理论认为管理层追求私有收益是并购发起的主要动机，大量文献得出了企业并购不但未创造价值反而损害股东财富的结论，从而支持了委托代理理论。如经典文献 Jensen 和 Ruback（1983）、Moeller 等（2003）的研究指出，股东在企业并购活动中并未得到正向回报；Cording 等（2002）则提出了有名的并购“成功悖论”，认为企业并购斥巨资却未带来优良业绩；我国学者实证研究发现，在多元化并购 1—3 年时间内股东财富净损失达到 6.5%—9.6%（李善民和朱滔，2006），逯东等（2019）的研究也指出国有企业的并购活动在并购后两年的期限内，仍未创造企业价值增值。究其原因，主要是管理层的自利动机导致的。企业频繁并购的动机是管理层对私利的追求，通过并购获取更高的显性薪酬和隐性在职消费（施继坤等，2014），管理层为了获取高额报酬会发起更大规模并购，并获取了更高的隐性私人收益。张洽和袁天荣（2013）、张洽（2013）实证检验了 CEO 追求私有收益导致企业频繁发起并购，而这些并购活动并没有为企业带来价值增值。综上，基于委托代理理论视角，企业倾向于频繁发起并购，但这些并购行为并没有成功为企业带来并购价值，即从整体来看，大部分企业作出的并购决策是无效的，并购行为表现为“次数多而效果差”，整体呈多而低效状态。

董事会既是企业并购的主导者与决策者，也是管理者责任的监督者，作为公司重要事项的决策机构与公司治理核心，其内部运作机制必然会影响企业并购决策效率。社会学理论认为，任何群体的决策都会受到层级的影响，该层级可以是正式层级也可以是非正式层级。董事会决策形式为会议决策，具有两个突出特点：一是实行投票决议制度，没有设置正式程序和规则来指导其并购决策；二是不同于其他决策事项，并购决策内容具有更强的专业性和复杂性，面对的风险和不确定性更高，具有较强的概要性和模糊性，且需要在有限的时间内作出有效并购决策。因此，在董事会缺乏正式程序与规则的背景下，依据董事成员社会资本多寡和声望地位高低所形成的一种隐性的、非正式的等级次序，关系董事会信息资源获取与分享、内部冲突有效协调的非正式层级对企业并购决策效率的影响不容忽视。董事会非正式层级为董事会提供了一种有序互动、交流合作的隐性机制。董事成员社会资本越丰富，为企业提供信息和资源的能力越强，以此为依托受到其他董事的尊重与认可程度越高，从而处于较高层级。依据社会经济学中的关系契约理论，基于信任和尊重建立起来的非正式制度关系更容易产生相互监督与协调，增强董事会并购资源整合能力和并购决策信息沟通效果，以此提升董事会并购决策效率。然而，在一个社会群体中，如果缺乏非正式层级结构，群体成员容易陷入身份竞争，对抗与冲突下难以产生建设性对话，从而阻碍了董事在有限的时间内专注于并购决策的实质性问题，造成效率损耗。因此，从理论上来看，董事会非正式层级能够对企业并购决策效率产生显著的影响。

目前，董事会非正式层级对企业并购决策效率的影响及作用路径尚未得到充分研究，本章将对此展开实证研究。本章的边际贡献如下：（1）深入董事会微观结构推进了企业并购决策的既有研究。首次研究了董事会非正式层级对企业并购决策的影响，并得出清晰的董事会非正式层级能够提高企业并购决策效率的结论，为并购决策效率影响因素研究提供了新的证据，拓展了董事会结构与企业并购的研究领域。（2）构建董事会非正式层级与企业并购决策效率的理论模型。提出董事会非正式层级提高了并购决策效率，并验证了过滤掉低效甚至无效并购项目选择是其作用路径，打开了董事会非正式层级对并购效率的作用“黑箱”。（3）为董事会有效性研究提供了一个新的研究视角。现有研究多将董事会内部成员看作影响力和地位同质化的个体，忽视了董事会成员社会资本和社会声望带来的地位差异，从而忽视了成员之间的交互对董事会运行效率的影响。本章基于董事成员地位差异实际，研究董事会非正式层级对并购决策效率的影响，为董事会有效性研究和企业并购研究提供一个新的视角。

第二节　理论分析与假设提出

董事会非正式层级对企业并购决策的影响，首先表现在主并方企业对并购目标项目的选择上。理论上，并购目标项目是否符合主并方企业的战略规划、是否与企业核心资源和产业链之间存在一致性或互补性，是作出是否发起并购这一决策的关键。然而，仅就我国上市公司的并购实践来看，并购活动呈现出一种“并购行为多但并购效果差”的表现（逯东等，2019），对这一表现进行解释的理论有高管过度自信假说、代理动机假说、信息不对称假说、体制因素下的价值分配和价值转移假说（张新，2003）等。

基于并购活动“做得多却效果差”这一现实背景，董事会非正式层级能否在企业并购决策中发挥有效的治理效应？将如何影响企业并购决策？作出的并购决策是否能够取得更好的市场反应？

（一）董事会非正式层级与企业并购发起可能性

第一，董事会非正式层级的管理者责任监督效应会降低管理者作出自利型并购决策的可能性。根据帝国构建理论和委托代理理论，管理者具有强烈的动机进行并购来构建自己的商业帝国，且在并购中通过寻租等行为来谋取个人私有利益，导致盲目发起并购，损害企业价值。董事会非正式层级提高了对管理者责任的监督效力从而减少企业并购决策中的代理问题，促进作出更好的并购决策。一方面，清晰的董事会非正式层级促进信息在董事会内部有效流动，通过降低信息沟通成本使董事会充分掌握管理者与并购有关的行为信息，从而提高董事会对企业并购中管理者行为的监督能力；另一方面，董事会非正式层级有助于提高董事会的独立性，通过增加管理者与董事成员的合谋成本提升董事会监督意愿。若董事会层级较为模糊，董事会内部缺乏对成员之间对抗与竞争、矛盾与分歧的协调者，将不利于董事成员之间的相互制衡，也不利于团队形成凝聚力（Huse，2007），极易导致董事会被管理者“俘获”与“控制”，丧失董事会独立性从而降低董事会监督效力。此外，董事会非正式层级越清晰，其嵌入的关系治理规则本身就是一种监督机制，能够规范管理层作出的并购决策行为。因此，清晰的董事会非正式层级结构能够提升董事会对管理者的监督作用，减少企业并购决策中的代理冲突，作出积极的并购行为，减少“自利型并购”。

第二，董事会非正式层级影响企业并购决策存在信息与资源整合效应，这会提高并购决策效率。只有充分掌握与并购相关的信息与资源，才能够对并购目标企业作出准确评价，才能够识别该并购目标是否与本公司发展战略相匹配、是否能够与本公司产生较高的并购协同效应。

首先，董事会非正式层级能够激励董事将并购信息优势转化为并购信息资源，有利于获取并购信息与资源，从而作出更好的并购决策。具有信息优势并不代表已经获取信息资源，这要取决于董事的信息搜索意愿（李善民等，2015）。董事信息优势决定了信息资源的可得上限，信息搜索意愿决定了信息资源的获取下限。董事进行信息搜索意愿的大小产生于对成本收益的权衡，将自身信息优势转化为信息资源的过程会耗费时间与精力、人情与关系维护成本。董事会非正式层级具有激励作用，促进董事成员更加努力地履职，出色地完成任务（Tiedens 等，2007）。在董事会非正式层级中所处的级别越高，享有越多的物质利益和越高的精神满足，这会激励董事成员不断追求更高层级（李长娥和谢永珍，2017），产生对董事成员的隐性激励。从处于高层级的董事来看，根据马斯洛需求理论，其往往追求最高层次需求，为获取成员尊重和满足成员期待，其在董事会工作中将更加努力，提供更有价值的资源和信息，付出更多的精力实现组织任务，同时引导低层级董事积极履职。从处于低层级董事来看，正如在正式制度中职位晋升能够激励职级较低的员工努力工作一样，在非正式制度中，处于较低层级的董事往往有动机提升自身所处层级，通过提供更好的建议、信息和资源来取得其他董事的尊重与信任。

其次，清晰的非正式层级为董事会提供了一种有序互动、交流合作的隐性机制，有利于整合信息与资源，从而提升决策效率。董事会进行并购决策时，主要有两个特征：一是决策内容为企业重大问题，具有较强的专业性和复杂性，需要在短时间内作出有效决策；二是实行投票决议制度，没有设置正式程序和规则来指导其决策。因此董事会非正式层级对并购决策效率产生深刻影响，一方面，清晰的董事会非正式层级为其提供了有序的资源和信息流动渠道，使并购资源与信息在董事会内得到迅速整合，并得到低层级董事的支持与协作。武立东等（2016）、陈仕华和张瑞彬（2020）认为董事会非正式层级有利于建立起有序的沟通秩序，避免无效的矛盾与纷争，既有利于激励高位者维持层级地位，又有利于低位者积极配合，从而提升内部交流合作有效性。另一方面，董事会非正式层级能够对董事成员间的交流合作起到协调与引导作用，He 和 Huang（2011）研究发现，基于非正式层级建立起来的等级秩序为董事会内部决策提供了隐性的程序和规则，比如与谁交流、何时交流、如何交流等问题。这种基于信任与尊重建立起来的关系契约能够避免矛盾与冲突内耗，使群体内部交流更加顺畅，从而使董事会在有限时间内专注于并购的重要问题，作出更好的并购决策。此外，当董事会内部存在清晰非正式层级结构时，高层级董事的意见能够得到更多的重视与支持，由于高层级董事具有较强的社会资源，能够从自身所在的关系网络中获取先进的经验和知识，从而具有更强的能力对复杂的并购项目作出正确的判断，且高层级董事的意见将会通过非正式层级结构提供的隐性交流机制得以顺利沟通。因此，非正式层级表现得越清晰，则能够为企业并购决策带来更多有价值的信息和资源，且能够促进信息与资源在董事会内部有效流动，从而在短时间内对并购项目作出准确判断。

综上所述，基于管理者责任监督视角，董事会非正式层级能够促进企业作出更好的并购决策，减少管理者自利型等无效并购决策，从而降低企业发起并购的倾向。基于信息与资源整合视角，非正式层级结构越清晰，能够对并购项目作出更加准确的判断，既能够增加企业优质并购项目，也能够减少低效甚至无效的并购项目。

因此，董事会非正式层级对企业并购决策产生的影响是一个有待实证的问题，以零假设的方式提出本章假设如下：

假设 H4－1：其他条件相同时，董事会非正式层级对并购决策没有影响。

（二）董事会非正式层级与并购决策市场反应

当董事会内部具有清晰明确的差序格局时，一方面，位于层级高位的董事能够对并购机会识别、并购时机选择、并购目标确定、并购对价谈判等各并购环节提出更多有价值的专业性意见，参与制定更加合理有效的并购计划，从而增加了企业成功并购的可能性，为股东创造更多的并购价值；另一方面，由于存在非正式层级激励，位于层级高位的董事会通过增加信息搜索意愿将自己所处社会网络中的人脉与信息优势转化为信息资源，这样一来，减少了并购中的信息不确定性，从而降低并购风险，有助于成功地发起并购。此外，在并购决策作出以后，能够帮助进行并购谈判从而达成更加有利的并购执行条款，改进并购实施过程。

综上，在其他条件不变的情况下，董事会非正式层级越清晰的公司作出的并购决策会更合理、更有价值，并购的决策效率得以提升。在有效资本市场假设成立的前提下，投资者会更加肯定此类企业并购决策，资本市场也会对此类并购决策作出更加积极的反应，公司在并购宣告日前后的窗口期内能够产生更高的累计超额收益。基于以上分析，提出以下假设：

假设 H4－2：董事会非正式层级结构越清晰，企业的并购决策能够得到更好的市场反应，获得更高的累计超额收益。

董事会非正式层级与企业并购决策效率的理论模型如图 4－1 所示。

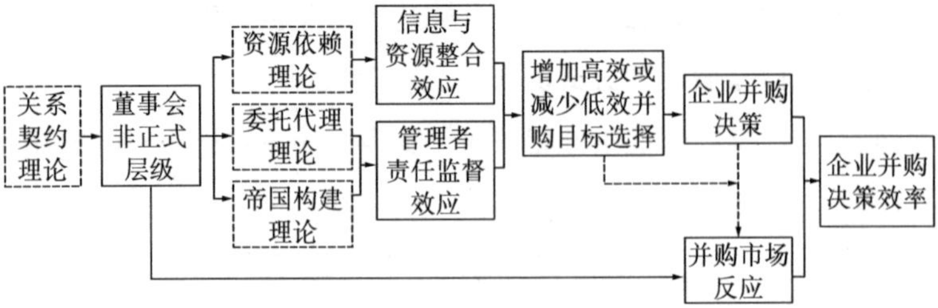

图 4-1 董事会非正式层级与企业并购决策理论模型

第三节 研究设计

一、样本选取与数据来源

选取并购宣告日在 2008—2019 年且主并方为沪深 A 股公司的并购事件作为初始研究样本，并进行如下处理：（1）剔除并购交易未成功样本；（2）一年内多次并购的样本仅保留第一次并购；（3）剔除债务重组、股份回购、资产剥离和资产置换样本；（4）剔除金融业公司、ST 和 *ST 等被特别处理的公司；（5）剔除数据缺失样本。此外，为避免异常值对研究结论的干扰，对样本进行上下 1% 的缩尾处理。验证假设 H4-1 和假设 H4-2 所使用的样本不同，假设 H4-1 需要全样本数据，既包括发起并购公司也包括未发起并购公司，假设 H4-2 仅需要并购样本数据，经过上述处理后分别得到的“公司-年度”观测值 22110 个和 2611 个。财务数据均来源于 CSMAR 数据库、CNRDS 数据库、RESSET 数据库，部分缺失值手工查阅公告和证券网站补足。

二、变量定义与模型构建

（一）变量定义

1. 被解释变量

（1）并购决策（MA_D）。并购决策指的是企业作出是否发起并购的决策，本章从两个角度对并购决策进行赋值：一是企业在某一年度是否发生并购，用虚拟变量 MA_D 表示，若发生则赋值为 1，未发生则赋值为 0；二是企业在同一年度内发生并购的频次，用 MA_N 表示，根据并购事件年内总数量进行赋值。其中，企业在同一年度内的并购频次（MA_N）将用于稳健性检验。

（2）并购短期市场绩效（MA_CAR）。采取事件研究法，计算并购宣告日前后，即事件窗口期的累计超额收益率（CAR），以此来衡量企业发起并购后的短期市场绩效。

首先，采用市场模型法，计算每个交易日的超常收益率，计算模型为：

$$AR_{i,t} = R_{i,t} - \hat{R}_{i,t} = R_{i,t} - (\hat{a}_i + \hat{b}_i Market_t) \qquad \text{模型（4-1）}$$

其中，$AR_{i,t}$是公司 i 在第 t 个交易日的超常收益率，$R_{i,t}$是公司 i 在第 t 个交易日的实际收益率，$\hat{R}_{i,t}$是公司 i 在第 t 个交易日按照市场模型计算而得的理论预期正常收益率，$Market_t$ 是第 t 个交易日的市场收益率，$\hat{a}_i$ 和 $\hat{b}_i$ 为 [-150，-31] 共 120 个交易日为估计期进行 OLS 回归得到的 i 公司的市场模型系数。

其次，计算累计超额收益率（CAR），计算模型为：

$$CAR(t1,t2) = \sum_{t=t1}^{t2} AR_{i,t}$$ 模型（4－2）

其中，t1、t2 可为时间窗口中任意两天。选取并购宣告日短窗口期［－5,5］前后共 10 个交易日得到累计超额收益率 MA_CAR，本章将以此累计超额收益率来衡量并购市场反应；同时计算并购宣告日短窗口期［－10,10］前后共 20 个交易日 MA_CAR1 进行稳健性检验。

2. 解释变量

（1）董事会非正式层级（GINI）。由于董事会非正式层级反映的是董事会各成员之间的声望和影响力的等级差异，最为理想化的方式是依据调查问卷来获取数据，调查每一位董事会成员对其他成员在董事会内部影响力的打分情况，但该方法需要每位被调查董事的有效回复，执行成本较高、可行性较差，难以满足实证研究的大样本要求。一种可行的方式是选取代理变量来进行衡量。He 和 Huang（2011）的研究认为被邀请加入董事会反映了他人基于其能力和社会影响力的认可与尊重，而加入多个董事会能够加强被认可和尊重的程度。

Zhang（2008）的研究认为若某一董事在其他公司兼任董事职位，能够接触到兼职公司的战略规划与决策管理等方面的信息，或者通过连锁董事与其他董事之间建立关系，间接获取其他公司的经验信息，并将获取的这些有价值的信息带入本公司的董事会，从而帮助董事会作出更好的决策，有利于为本公司把握更好的发展机会。因此，当某一位董事在其他公司兼任的职位数量越多，接触到的企业战略机会和经验信息越多，能力越强，为董事会决策提出的建设性意见越多，在董事会的声望和影响力也越高。此外，基于我国制度环境，有政治关联的董事能够为企业带来有价值的信息和政治资源，有政治关联的董事会成员在董事会中的地位与声望也会越高（武立东等，2016）。

综上，本章借鉴薛坤坤等（2021）、武立东等（2016）、He 和 Huang（2011）的研究方法，用董事成员相对地位高低确定的等级排序程度来衡量非正式层级。首先，选取以下两个基础测量指标：（1）董事兼职数量，指的是董事成员在其他公司兼职董事职位的数量 Q，考虑到董事兼职数量具有边际递减效应，本章对兼职数量进行对数化处理，计算公式是 $Ln(1+Q)$；（2）董事政治关联，董事成员具有中央政府政治关联取值为 2，地方政府政治关联取值为 1，其他取值为 0。其次，使用基尼系数测量，具体计算模型为：

$$GINI = 2cov(y, r_y)/N\bar{y} \qquad \text{模型（4-3）}$$

其中，GINI 指的是董事会非正式层级清晰度，y 表示董事地位指标，是董事兼职数量与董事政治关联之和，r_y 表示该董事的非正式层级排名，cov 表示协方差函数，N 表示参与非正式层级排名董事会人数，$\bar{y}$ 是 y 的均值。GINI 的取值范围从 0 至 1，越接近 1 则董事会非正式层级越清晰。

3. 控制变量

（1）董事会正式权力层级。董事会正式权力层级是董事会正式权力分布，由正式制度或者组织设计所决定的，产生于章定或者法定的权力，是由企业组织制度安排所产生的董事成员正式权力分布结构。借鉴卫旭华等（2015），李长娥和谢永珍（2017）的研究方法，以董事会权力结构变异系数作为董事会正式权力层级的代理变量，此方法是战略管理研究领域常用的高管团队结构的测度方法。该指标的构建方法分为三步：第一，对样本公司中各董事会成员的正式权力进行赋值。其中，若董事成员兼任董事长和 CEO，将该成员赋值为3；若董事成员任董事长或者任CEO，将该成员赋值为2；若董事成员既不是董事长也不是CEO，将该成员赋值为1。第二，依据第一步的赋值计算董事会正式权力分布的标准差和均值。第三，用董事会正式权力分布的标准差除以均值得到变异系数，以此来衡量董事会正式权力层级。

（2）其他控制变量。参考现有文献（逯东等，2019），选取公司规模（SIZE）、资产负债率（LEV）、企业成长性（GROWTH）、固定资产比例（PPE）、企业年龄（AGE）、股票回报率（RET）、经营现金流波动性（CFV）、董事会持股比例（DHR）、独立董事占比（IDR）、并购交易规模（DEAL）、并购支付方式（PAYT）、是否关联并购（REL）等作为控制变量。同时，控制年度和行业固定效应。变量定义与说明如表4－1所示。

表4－1　　变量定义与说明

变量类型	变量名称	变量符号	变量定义
被解释变量	并购决策	MA_D	是否并购，发生并购取1，否则取0
		MA_N	在当年成功发起并购的总次数
	并购市场反应	MA_CAR	并购宣告日短窗口期内的累计超额收益率
解释变量	董事会非正式层级	GINI	根据模型（4－3）计算得到的基尼系数
控制变量	公司规模	SIZE	第t年末总资产金额的对数
	资产负债率	LEV	第t年末负债总额/第t年末总资产
	企业成长性	GROWTH	（第t年末的营业收入－第t－1年末的营业收入）/第t－1年末的营业收入
	固定资产比例	PPE	第t年末固定资产/第t年末总资产
	企业年龄	AGE	上市公司成立年限加1的自然对数

续表

变量类型	变量名称	变量符号	变量定义
控制变量	股票回报率	RET	考虑现金股利再投资的股票年收益率
	经营现金流波动性	CFV	样本公司用总资产标准化后的经营现金流量在三年内（t－2期、t－1期、t期）标准差
	董事会正式权力层级	DFL	董事会正式权力分布的变异系数
	董事会持股比例	DHR	董事会持股数量/总股数
	独立董事占比	IDR	独立董事人数与董事会总人数的比值
	并购交易规模	DEAL	并购交易金额与总资产的比值
	并购支付方式	PAYT	并购支付方式为现金支付则取值为1，否则为0
	是否关联交易	REL	并购属于关联交易取1，否则取0
	行业	IND	虚拟变量
	年度	YEAR	虚拟变量

（二）模型构建

为检验董事会非正式层级对企业并购决策的影响，参考 Cai 和 Vijh（2007）的研究，构建模型（4－4），根据 MA_D 和 MA_N 的数字特征，分别使用 Probit 和 Poisson 对模型（4－4）进行回归：

$$MA\_D_{i,t}/MA\_N_{i,t} = \alpha_0 + \alpha_1 GINI_{i,t} + \sum Controls + \sum Year + \sum Ind + \varepsilon_{i,t} \quad \text{模型（4－4）}$$

其中，α_0 为常数项，α_1 为回归系数，Controls 是控制变量。Controls 包含 SIZE、LEV、GROWTH、PPE、AGE、DFL、DHR 和 IDR 变量。Year 是年度虚拟变量，Ind 是行业虚拟变量，$\varepsilon_{i,t}$是误差项，i 代表企业，t 代表年度。当回归系数 α_1 大于零时，表明董事会非正式层级对企业发起并购的决策产生正向影响；当 α_1 小于零时，表明董事会非正式层级对企业发起并购的决策产生负向影响。

为验证董事会非正式层级对并购宣告日累计超额收益率（MA_CAR）的影响，参考李善民等（2020）的研究构建模型：

$$MA\_CAR_{i,t} = \alpha_0 + \alpha_1 GINI_{i,t} + \sum Controls + \sum Year + \sum Ind + \varepsilon_{i,t}$$

模型（4－5）

其中，Controls 包含所有控制变量，包括并购方公司层面财务特征变量、公司治理特征变量与并购交易特征变量。若回归系数 α_1 大于零，表明董事会非正式层级对企业并购的累计超额收益率产生正向影响；若 α_1 小于零，表明董事会非正式层级对企业并购累计超额收益率产生负面影响。

第四节　实证结果与分析

一、描述性统计

对本章涉及的所有主要变量进行描述性统计的结果如表 4－2 所示。由表 4－2 的结果可知，并购决策（MA_D）的均值为 0.133，说明在实证样本中，成功发起并购的样本占总样本的 13.3%；并购宣告日窗口期的累计超额收益（MA_CAR）的均值为 0.046，说明上市公司在发布并购公告时，整体获得了正的累计超额收益，最小值为－0.368，最大值为 0.572，说明不同的并购决策取得的累计超额收益之间存在一定差距；董事会非正式层级（GINI）的均值为 0.645，最小值为 0.237，最大值为 1，均在正常值范围内且与现有研究基本保持一致。从主并方公司财务特征控制变量来看，企业规模、资产负债率、企业成长性、固定资产比例、企业年龄、股票回报率、经营现金流波动性等控制变量的描述性统计结果均在正常范围内。

表4－2　　　　　　　　　　描述性统计

变量	观测值	均值	标准差	最小值	中位数	最大值
MA_D	22110	0.133	0.340	0.000	0.000	1.000
MA_CAR	2611	0.046	0.157	－0.368	0.016	0.572
GINI	22110	0.645	0.178	0.237	0.646	1.000
SIZE	22110	22.117	1.214	19.305	21.958	26.074
LEV	22110	0.430	0.200	0.0495	0.424	0.973
GROWTH	22110	0.171	0.352	－0.615	0.116	3.261
PPE	22110	0.224	0.158	0.002	0.194	0.724
AGE	22110	2.141	0.752	0.693	2.303	3.401
RET	22110	0.115	0.546	－0.711	－0.0151	2.551
CFV	22110	0.045	0.036	0.002	0.034	0.250
DFL	22110	0.441	0.109	0.000	0.387	0.707
DHR	22110	0.116	0.185	0.000	0.001	0.892
IDR	22110	0.373	0.055	0.125	0.333	0.800
DEAL	2611	0.141	0.269	0.000	0.046	2.816
PAYT	2611	0.696	0.460	0.000	1.000	1.000
REL	2611	0.364	0.481	0.000	0.000	1.000

从公司治理特征控制变量来看，董事会正式权力层级（DFL）的均值为0.441，最小值为0，最大值为0.707，说明样本公司中普

遍存在董事会正式权力层级，但正式权力层级在不同公司之间的差异较大；董事会持股比例（DHR）的均值为0.116，最小值为0.001，最大值为0.892；独立董事占比（IDR）的均值为0.373，最小值为0.125，最大值为0.800。

从并购特征控制变量来看，企业并购规模（DEAL）的均值为0.141，即平均来看，并购交易金额占主并方总资产的14.1%，最小值为0.046，最大值为2.816；企业并购支付方式（PAYT）的均值为0.696，说明在并购样本中超过半数的并购事件采用了现金支付方式；是否关联交易（REL）的均值为0.364，说明在并购样本中，大概有36.4%的并购交易涉及关联事项。

二、相关性分析

对主要变量进行的相关性检验（Pearson）结果如表4-3所示。通过相关性分析结果可以发现，董事会非正式层级（GINI）与企业并购决策（MA_D）的相关系数为-0.014，且通过了5%水平的显著性检验，这一数据结果初步说明在不控制任何变量及行业、年度固定效应时，董事会非正式层级降低了企业发起并购的倾向。同时，观察第一列系数可以发现，绝大部分变量的系数均在1%水平上与企业并购决策（MA_D）显著相关，这说明本章所选取的控制变量较为合理、具有一定的代表性。此外，所有变量的相关系数的绝对值均小于0.6，且后续模型回归后进行方差膨胀系数检验（VIF），发现系数值均小于2.5，判定本章选取的变量之间不存在严重的多重共线性。为得到更加可靠的研究结论，还需要控制对企业并购决策产生影响的其他因素进行多元回归分析。

表 4－3　主要变量相关性分析

变量	MA_D	GINI	SIZE	LEV	GROWTH	PPE	AGE	DFL	DHR	IDR
MA_D	1									
GINI	-0.014 **	1								
SIZE	-0.034 ***	-0.109 ***	1							
LEV	-0.045 ***	-0.010	0.490 ***	1						
GROWTH	0.112 ***	-0.005	0.033 ***	0.027 ***	1					
PPE	-0.059 ***	0.017 **	0.057 ***	0.082 ***	-0.083 ***	1				
AGE	-0.105 ***	0.080 ***	0.410 ***	0.360 ***	-0.090 ***	0.100 ***	1			
DFL	0.062 ***	0.010	-0.178 ***	-0.143 ***	0.031 ***	-0.104 ***	-0.250 ***	1		
DHR	0.099 ***	0.055 ***	-0.313 ***	-0.309 ***	0.079 ***	-0.166 ***	-0.561 ***	0.276 ***	1	
IDR	0.028 ***	0.003	0.005	-0.030 ***	0.007	-0.063 ***	-0.035 ***	0.172 ***	0.084 ***	1

注：*、**、*** 分别表示 10%、5% 和 1% 的显著性水平。

三、回归结果与分析

为验证董事会非正式层级对企业并购决策的影响，对模型（4－4）的回归结果如表4－4所示，采用Probit模型进行回归的结果如第（1）列至第（3）列所示。首先，将董事会非正式层级（GINI）与企业并购决策（MA_D）单独进行回归，检验在不考虑任何控制因素的条件下，董事会非正式层级是否会对企业并购决策产生影响，结果如第（1）列所示，回归系数分别为－0.194，在1%的水平上显著，初步证明董事会非正式层级抑制了企业的频繁并购行为，降低了企业作出发起并购决策的倾向。其次，在上述基础上加入公司财务特征控制变量进行回归，结果如第（2）列所示，回归系数分别为－1.57，且在5%水平上显著。最后，同时加入公司财务特征控制变量和公司治理特征控制变量，得到的回归结果如第（3）列所示，回归系数分别为－0.169，且在1%水平上显著，该回归结果充分证明了董事会非正式层级降低了企业并购发起概率。这说明当某一公司的董事会存在更加清晰的非正式层级时，在作出企业并购决策时会更加审慎。

表4－4　　董事会非正式层级与并购决策回归结果

变量	Probit		
	(1)	(2)	(3)
	MA_D	MA_D	MA_D
GINI	－0.194***	－0.157**	－0.169***
	(－3.139)	(－2.476)	(－2.637)

续表

变量	Probit		
	(1)	(2)	(3)
	MA_D	MA_D	MA_D
SIZE		-0.027**	-0.024*
		(-2.241)	(-1.960)
LEV		0.203***	0.206***
		(2.846)	(2.889)
GROWTH		0.424***	0.421***
		(14.721)	(14.607)
PPE		-0.491***	-0.468***
		(-5.573)	(-5.287)
AGE		-0.192***	-0.174***
		(-11.187)	(-8.986)
DFL			0.251**
			(2.402)
DHR			0.079
			(1.118)
IDR			0.262
			(1.279)
IND	YES	YES	YES
YEAR	YES	YES	YES
_cons	-1.618***	-0.681**	-0.994***
	(-12.556)	(-2.449)	(-3.362)
N	22110	22110	22110
Pseudo/Adj R^2	0.044	0.071	0.071

注：*、**、*** 分别表示10%、5%和1%的显著性水平；括号内为T值。

前文验证了董事会非正式层级对企业作出发起并购决策产生负向影响，降低了企业并购发起的可能性，然而，董事会非正式层级是否真正提升了企业并购决策效率，还需要进一步验证。

董事会非正式层级影响企业并购累计超额收益率的回归结果如表4－5所示。

首先，未加入任何控制变量，在不考虑其他因素的条件下，仅对单变量进行回归的结果如第（1）列所示，回归系数为0.043，通过了5%的显著性检验。初步说明，董事会非正式层级越清晰，作出的并购决策能够获得更高的累计超额收益率。其次，在以上基础上加入公司层面的财务特征变量，得到的回归结果如第（2）列所示，回归系数为0.044，且在5%水平上显著为正。最后，在以上基础上加入公司治理层面控制变量和并购特征控制变量的回归结果如第（3）列所示，GINI的回归系数为0.045，且均通过了5%的显著性检验。以上回归结果说明，董事会非正式层级对并购累计超额收益率产生显著的正向影响，董事会非正式层级越清晰，企业作出的并购决策能够取得更好的市场反应，获得更高的累计超额收益。

表4－5　　董事会非正式层级与并购市场反应回归结果

变量	(1)	(2)	(3)
	MA_CAR	MA_CAR	MA_CAR
GINI	0.043**	0.044**	0.045**
	(2.299)	(2.378)	(2.564)
SIZE		-0.007*	-0.001
		(-1.682)	(-0.234)
LEV		0.013	0.025
		(0.614)	(1.185)
GROWTH		0.012	0.005
		(1.606)	(0.737)

续表

变量	(1)	(2)	(3)
	MA_CAR	MA_CAR	MA_CAR
PPE		0. 019	-0. 004
		(0. 686)	(-0. 142)
AGE		0. 001	-0. 004
		(0. 211)	(-0. 717)
RET		0. 081 ***	0. 068 ***
		(10. 487)	(9. 081)
CFV		-0. 133	-0. 132
		(-1. 307)	(-1. 348)
DFL		0. 006	0. 009
		(0. 200)	(0. 338)
DHR		-0. 019	-0. 013
		(-0. 949)	(-0. 710)
IDR		0. 036	0. 052
		(0. 625)	(0. 930)
DEAL			0. 098 ***
			(7. 288)
PAYT			-0. 048 ***
			(-6. 000)
REL			0. 002
			(0. 263)
IND	YES	YES	YES
YEAR	YES	YES	YES
_cons	-0. 073	0. 092	-0. 022
	(-1. 621)	(0. 952)	(-0. 224)
N	2269	2269	2269
Adj R^2	0. 091	0. 149	0. 201

注：*、**、*** 分别表示 10%、5% 和 1% 的显著性水平；括号内为 T 值。

综合表4－4和表4－5的回归结果，可以得出结论：

在企业盲目大量发起并购的现实背景下，董事会非正式层级提升了企业并购决策效率，企业并购决策表现为“少而优”。董事会非正式层级清晰度越高，企业作出的并购决策越谨慎，取得的并购累计超额收益越高。因此，在董事会内部构建起非正层级，能够提高治理效率，作出更好的企业并购决策，有利于过滤掉无效的并购项目，选择那些真正创造并购价值、市场反应较高的并购项目，使得企业并购项目做得“数量少而绩效优”，从而显著提升企业并购决策效率。

四、稳健性检验

（一）倾向得分匹配法（PSM）

为控制潜在内生性问题，采用倾向得分匹配法进行稳健性检验。首先，借鉴何瑛和马添翼（2021）的研究方法，以分行业分年度计算出来的董事会非正式层级（GINI）中位数为标准，分为董事会非正式层级清晰度高（处理组）和非正式层级清晰度低（控制组）组，采用1∶1无放回的最近邻匹配方法，进行匹配后得到匹配后的样本。本章选取企业规模、资产负债率、企业成长性、固定资产比例、企业年龄、董事会正式权力层级、董事会持股比例、独立董事占比以及年度、行业进行一对一无放回匹配，匹配卡尺设置为0.01，匹配结果如表4－6所示。

以匹配后的样本进行回归的结果如表4－7第（1）列和第（2）列所示。在第（1）列进行的Probit回归结果中，董事会非正式层级（GINI）的系数为－0.173，在5%水平上显著为负，说明

PSM 进行稳健性检验后仍然支持董事会非正式层级显著降低企业作出并购决策的概率；在第（2）列进行的 OLS 回归结果中，董事会非正式层级（GINI）的系数为 0.044，在 10% 水平上显著为正，说明董事会非正式层级越清晰，企业并购市场反应越高。以上结果均为本章结论提供了进一步经验证据。

表 4-6　　PSM 匹配前后样本特征表

变量	样本	均值		T 值	P 值
		处理组	控制组		
SIZE	匹配前	21.985	22.203	-13.73	0.000
	匹配后	21.985	22.006	-1.39	0.166
LEV	匹配前	0.426	0.432	-2.42	0.016
	匹配后	0.426	0.428	-0.71	0.477
GROWTH	匹配前	0.170	0.171	-0.19	0.845
	匹配后	0.170	0.169	0.30	0.761
PPE	匹配前	0.225	0.221	1.89	0.059
	匹配后	0.225	0.224	0.27	0.791
AGE	匹配前	2.156	2.056	9.67	0.000
	匹配后	2.156	2.163	-0.80	0.424
DFL	匹配前	0.442	0.441	0.75	0.452
	匹配后	0.442	0.444	-1.37	0.171
DHR	匹配前	0.127	0.110	6.83	0.000
	匹配后	0.127	0.128	-0.48	0.629
IDR	匹配前	0.373	0.373	-0.53	0.599
	匹配后	0.373	0.374	-1.03	0.303

（二）Heckman 两阶段

为缓解可能存在的内生性问题，本章采用 Heckman 两阶段模型进行稳健性检验。借鉴现有研究方法，选取滞后一期（t-1 期）

除去本公司董事会非正式层级的行业均值（GINI_M）作为工具变量。第一阶段中，以董事会非正式层级（GINI）为被解释变量，以工具变量 GINI_M 为解释变量进行回归，并计算出逆米尔斯比率（Inverse Mills Ratio，IMR）；在第二阶段中，将 IMR 作为新增控制变量加入模型中进行回归。第一阶段回归结果如表 4－7 第（3）列所示，GINI_M 的系数在 1% 的水平上显著为正；第二阶段回归结果如表 4－7 第（4）列和第（5）列所示，回归结果依然支持本章结论。

表 4－7　　PSM 与 Heckman 两阶段检验结果

变量	PSM		Heckman 两阶段		
	(1)	(2)	(3)	(4)	(5)
	MA_D	MA_CAR	GINI	MA_D	MA_CAR
GINI	−0.173**	0.044*		−0.146**	0.038**
	(−2.070)	(1.851)		(−2.304)	(2.070)
GINI_M			0.317***		
			(5.409)		
SIZE	−0.010	0.001	−0.026***	−0.003	0.002
	(−0.584)	(0.185)	(−21.196)	(−0.064)	(0.112)
LEV	0.136	−0.004	0.019***	0.191**	0.010
	(1.430)	(−0.149)	(2.599)	(2.423)	(0.422)
GROWTH	0.450***	−0.004	0.005	0.418***	0.004
	(11.963)	(−0.419)	(1.497)	(13.854)	(0.443)
PPE	−0.507***	0.036	0.038***	−0.513***	−0.002
	(−4.270)	(0.969)	(4.219)	(−4.588)	(−0.049)
AGE	−0.171***	−0.005	0.045***	−0.201**	−0.013
	(−6.900)	(−0.649)	(22.926)	(−2.370)	(−0.464)

续表

变量	PSM		Heckman 两阶段		
	(1)	(2)	(3)	(4)	(5)
	MA_D	MA_CAR	GINI	MA_D	MA_CAR
DFL	0.185	0.029	0.006	0.214**	0.011
	(1.343)	(0.757)	(0.548)	(2.061)	(0.392)
DHR	0.093	-0.038	0.121***	-0.013	-0.038
	(0.991)	(-1.401)	(15.330)	(-0.058)	(-0.525)
IDR	0.327	0.056	-0.013	0.289	0.064
	(1.213)	(0.717)	(-0.583)	(1.406)	(1.100)
RET		0.070***			0.073***
		(6.681)			(9.510)
CFV		0.008			-0.087
		(0.063)			(-0.869)
DEAL		0.034***			0.034***
		(4.692)			(6.243)
PAYT		-0.057***			-0.064***
		(-5.471)			(-8.333)
REL		0.014			0.008
		(1.346)			(1.027)
IMR				-1.790	-0.407
				(-0.466)	(-0.332)
IND	YES	YES	YES	YES	YES
YEAR	YES	YES	YES	YES	YES
_cons	-1.300***	-0.000	0.881***	-0.488	0.0340
	(-3.300)	(-0.000)	(17.596)	(-0.544)	(0.118)
N	12258	1251	21876	21876	2286
Pseudo/Adj R^2	0.075	0.178	0.057	0.069	0.201

注：*、**、*** 分别表示 10%、5% 和 1% 的显著性水平；括号内为 T 值。

（三）替换代理变量

1. 更换并购决策代理变量

前文已经对董事会非正式层级与企业并购发起倾向进行了实证检验，由于非正式层级使企业选择并购项目更加谨慎，除了能够对企业是否发起并购产生影响，还能够对企业发起并购次数产生影响。因此，将企业并购决策的代理变量由是否发起并购（MA_D）替换为同一公司当年发起并购的频次（MA_N），由于并购频次的变量特征是零散的整数，分别采用 Poisson 模型和 OLS 模型进行回归，回归结果如表 4 -8 第（1）列至第（2）列所示。

第（1）列是进行 Poisson 回归的结果，董事会非正式层级的回归系数为 -0.377，且在 1% 水平上显著为负。第（2）列是进行 OLS 回归的结果，董事会非正式层级的回归系数分别为 0.065，且在 5% 水平上显著为负。以上结果表明，董事会非正式层级清晰度降低了企业并购频次，使得企业并购项目选择更加谨慎，回归结果进一步支持了本章的结论。

表 4 -8　　更换代理变量对 H4 -1 的稳健性检验结果

变量	(1)	(2)	(3)	(4)
	MA_N	MA_N	MA_D	MA_D
GINI	-0.377***	-0.065**		
	(-4.310)	(-2.494)		
GINI_EXDD			-0.147***	
			(-2.910)	
GINI_Q				-0.265***
				(-4.354)

续表

变量	(1)	(2)	(3)	(4)
	MA_N	MA_N	MA_D	MA_D
SIZE	-0.024	-0.006	-0.025**	-0.028**
	(-1.368)	(-1.246)	(-2.018)	(-2.209)
LEV	0.354***	0.065**	0.210***	0.202***
	(3.615)	(2.265)	(2.844)	(2.761)
GROWTH	0.604***	0.182***	0.425***	0.431***
	(19.975)	(13.826)	(14.205)	(14.589)
PPE	-1.042***	-0.182***	-0.442***	-0.472***
	(-8.167)	(-5.317)	(-4.867)	(-5.219)
AGE	-0.265***	-0.050***	-0.168***	-0.164***
	(-10.130)	(-6.161)	(-8.485)	(-8.349)
DFL	0.476***	0.101**	0.257**	0.226**
	(3.401)	(2.271)	(2.363)	(2.119)
DHR	0.188**	0.051*	0.116	0.099
	(2.040)	(1.649)	(1.556)	(1.360)
IDR	0.059	0.019	0.325	0.242
	(0.209)	(0.230)	(1.490)	(1.155)
IND	YES	YES	YES	YES
YEAR	YES	YES	YES	YES
_cons	-1.733***	0.263**	-1.009***	-0.833***
	(-4.084)	(2.299)	(-3.352)	(-2.762)
N	22110	22110	20534	21084
Pseudo/Adj R^2	0.067	0.017	0.073	0.072

注：*、**、*** 分别表示10%、5%和1%的显著性水平；括号内为T值。

2. 更换董事会非正式层级的计量方式

第一，不考虑独立董事重新计算董事会非正式层级进行重复检验。借鉴王晓亮和邓可斌（2020）的研究方法，考虑到独董身份的特殊性，在稳健性检验中，计算董事会非正式层级时不考虑独立董事，仅用非独董数据计算董事会非正式层级。使用除去独立董事的非正式层级（GINI_EXID）代入模型中以并购决策为被解释变量进行 Probit 回归的结果如表 4-8 第（3）列所示，以累计超额收益率（MA_CAR）为被解释变量进行 OLS 回归的结果如表 4-9 第（1）列所示，数据结果进一步支持了本章结论。

第二，仅使用董事成员在外兼职董事数量计算董事会非正式层级进行重复检验。借鉴 He 和 Huang（2011）的非正式层级衡量方式，仅使用董事成员在外兼职董事数量来衡量董事的声望和影响力。使用重新计算的董事会非正式层级（GINI_Q）变量代入模型（4-4）中以并购决策为被解释变量进行 Probit 回归的结果如表 4-8第（4）列所示，代入模型（4-5）中以累计超额收益率（MA_CAR）为被解释变量进行回归的结果如表 4-9 第（2）列所示，数据结果进一步支持了本章结论。

3. 变更累计超额收益率的计算窗口期

计算并购宣告日前后不同窗口期的累计超额收益率来进行稳健性检验，计算并购宣告日前后共 20 个交易日［-10,10］的累计超额收益率（MA_CAR1）作为被解释变量与董事会非正式层级进行 OLS 回归，得到的回归结果如表 4-9 第（3）列所示。回归系数显著为正，表明董事会非正式层级与并购累计超额收益率之间呈正相关，非正式层级越清晰，作出的并购决策市场累计超额收益越高，进一步为本章结论提供了经验证据。

表 4-9　　更换代理变量对 H4-2 的稳健性检验结果

变量	(1)	(2)	(3)
	MA_CAR	MA_CAR	MA_CAR1
GINI_EXID	0.032**		
	(2.275)		
GINI_Q		0.038**	0.039*
		(2.219)	(1.762)
SIZE	-0.002	-0.002	-0.003
	(-0.571)	(-0.466)	(-0.552)
LEV	0.029	0.030	0.022
	(1.293)	(1.339)	(0.753)
GROWTH	0.007	0.002	0.004
	(0.963)	(0.272)	(0.423)
PPE	-0.007	-0.004	0.029
	(-0.241)	(-0.144)	(0.813)
AGE	-0.004	-0.004	-0.002
	(-0.755)	(-0.720)	(-0.250)
RET	0.069***	0.068***	0.096***
	(8.857)	(8.757)	(9.536)
CFV	-0.107	-0.111	-0.098
	(-1.027)	(-1.094)	(-0.745)
DFL	-0.009	-0.002	-0.010
	(-0.323)	(-0.069)	(-0.269)
DHR	-0.008	-0.009	0.004
	(-0.377)	(-0.434)	(0.171)
IDR	0.032	0.044	0.041
	(0.534)	(0.755)	(0.551)
DEAL	0.096***	0.092***	0.055***
	(6.922)	(6.567)	(4.661)

续表

变量	(1)	(2)	(3)
	MA_CAR	MA_CAR	MA_CAR1
PAYT	-0.050***	-0.051***	-0.059***
	(-5.894)	(-6.119)	(-5.676)
REL	0.008	0.004	0.011
	(1.033)	(0.585)	(1.134)
IND	YES	YES	YES
YEAR	YES	YES	YES
_cons	0.060	0.031	0.102
	(0.612)	(0.310)	(0.796)
N	2143	2191	2225
Pseudo/Adj R^2	0.201	0.195	0.155

注：*、**、*** 分别表示 10%、5% 和 1% 的显著性水平；括号内为 T 值。

（四）可能存在的遗漏变量问题

在前述实证研究中可能存在与控制变量相关的遗漏变量问题。在企业并购决策中，可能会受到企业盈利能力以及企业性质的影响。由于并购是一项投资额较大的战略行为，当企业盈利能力较高时，能够获得更多的利润，从而有能力进行更多的并购活动，故企业盈利能力将会影响到企业并购决策；不同的企业性质作出并购决策的动机有所不同，国有企业会更多的受到政策的影响以及政府意愿的影响，民营企业更多的是基于追求效率和利益，其并购动机更加市场化。基于上述分析，为解决本章可能存在的遗漏变量问题，将模型控制变量中增加企业盈利能力（ROA）和企业性质（SOE）两个变量，重新进行回归，以检验本章主要结论的稳健性。

加入可能遗漏的变量进行回归后，结果如表 4 - 10 所示。第

(1) 列是以是否发生并购 (MA_D) 为被解释变量进行回归的结果，GINI 的系数为 -0.214，且在 1% 水平上显著。第 (2) 列是以并购决策市场反应 (MA_CAR) 为被解释变量进行回归的结果，GINI 的系数为 0.046，且通过了 1% 的显著性水平检验。该结果与本章主要结论一致，进一步为本章主要结论提供了经验证据。

表 4-10　　遗漏变量问题的稳健性检验结果

变量	(1)	(2)
	MA_D	MA_CAR
GINI	-0.214***	0.046***
	(-3.361)	(2.710)
SIZE	-0.026*	0.000
	(-1.960)	(-0.097)
LEV	0.265***	0.019
	(3.199)	(0.832)
GROWTH	0.417***	0.007
	(13.319)	(0.872)
PPE	-0.469***	-0.010
	(-4.961)	(-0.372)
AGE	-0.140***	-0.006
	(-6.703)	(-0.933)
DFL	0.132	0.069***
	(1.181)	(8.996)
DHR	0.007	-0.143
	(0.094)	(-1.407)
IDR	0.162	0.006
	(0.741)	(0.232)
RET		-0.012
		(-0.635)

续表

变量	(1)	(2)
	MA_D	MA_CAR
CFV		0.028
		(0.493)
DEAL		0.104***
		(7.361)
PAYT		-0.046***
		(-5.602)
REL		0.002
		(0.294)
ROA	0.278	-0.139*
	(0.997)	(-1.686)
SOE	-0.186***	0.000
	(-5.797)	(-0.018)
IND	YES	YES
YEAR	YES	YES
_cons	-0.880***	-0.010
	(-2.777)	(-0.098)
N	19558	2163
Pseudo/Adj R^2	0.077	0.202

注：*、**、*** 分别表示 10%、5% 和 1% 的显著性水平；括号内为 T 值。

五、进一步分析

（一）董事会非正式层级影响并购决策的作用途径分析

前文检验了董事会非正式层级能够降低企业发起并购的可能性和并购频次，且能够对并购决策的市场反应产生积极影响。其中，机理分析阐明了董事会非正式层级能够增强对管理层责任的监督从而减少管理层自利型的并购决策，能够通过信息与资源获取、整合来准确评价并购标的，从而过滤掉低效并购项目，即在并购项目选择这一源头上降低了企业发生自利型并购和低效率并购的可能性。

为验证董事会非正式层级对无效并购决策的抑制作用，现有文献通常认为关联并购和无关多元化并购是企业实施无效并购的代表（方军雄，2008；周绍妮等，2017）。无论关联并购的资产是否属于优质资产，但通常关联并购会被认为是服务于既定主体的特殊利益（李增泉等，2005），尤其是国有企业关联并购，大多是地方政府主导下的国有上市公司与其实际控制人之间的自我交易。无关多元化并购指的是向与现有经营业务不相关的产业对象发起的并购，虽不排除是企业实施战略转型的实际需求，但大多数情况下，无关多元化是管理层盲目并购进行帝国构建、服务自身机会主义需求下的产物（Jensen 和 Meckling，1976）。

由于本章的理论分析是基于董事会非正式层级强化了董事会的治理效力，从而在企业并购活动中产生更强的管理者责任监督效应，根据代理理论和帝国构建理论，清晰的董事会非正式层级能够抑制管理层的无效并购。因此，借鉴逯东等（2019）的研究方法，选定无关多元化并购作为无效并购项目（MA_INV）的代理变量，并构建以下 Probit 模型，对董事会非正式层级通过降低企业无效并购来提升并购决策效率这一路径作出检验。

$$\begin{aligned}PROBIT(MA\_INV = 1) = {} & \alpha_0 + \alpha_1 GINI_{i,t} + \alpha_2 SIZE_{i,t} + \alpha_3 LEV_{i,t} + \\ & \alpha_4 GROWTH_{i,t} + \alpha_5 PPE_{i,t} + \alpha_6 AGE_{i,t} + \\ & \alpha_7 DFL_{i,t} + \alpha_8 DHR_{i,t} + \alpha_9 IDR_{i,t} + \\ & \sum Year + \sum Ind + \varepsilon_{i,t}\end{aligned}$$

模型（4-6）

对上述模型进行回归后的结果列于表4－11第（1）列和第（2）列中。第（1）列是未加入任何控制变量，仅控制行业和年度固定效应得出的回归结果，董事会非正式层级（GINI）的回归系数为－0.475，在5%的水平上显著为负，从这一单变量回归结果初步验证了非正式层级降低了企业发起无效并购的可能性。第（2）列是加入控制变量的回归结果，GINI的系数为－0.473，同样在5%的水平上显著为负，该回归结果为董事会非正式层级降低企业无效并购概率提供了进一步的经验证据。

表4－11　董事会非正式层级与企业并购项目选择

变量	Probit	
	(1)	(2)
	MA_INV	MA_INV
GINI	－0.475**	－0.473**
	(－2.222)	(－1.980)
SIZE		0.032
		(0.702)
LEV		－0.338
		(－1.248)
GROWTH		－0.204*
		(－1.707)
PPE		0.455
		(1.390)
AGE		0.012
		(1.496)
DFL		－0.088
		(－0.230)

续表

变量	Probit	
	(1)	(2)
	MA_INV	MA_INV
DHR		-0.047
		(-0.179)
IDR		-0.165
		(-0.213)
IND	YES	YES
YEAR	YES	YES
_cons	-1.076**	-1.553
	(-2.058)	(-1.340)
N	3475	3028
Pseudo/Adj R^2	0.059	0.079

注：*、**、*** 分别表示 10%、5% 和 1% 的显著性水平；括号内为 T 值。

（二）异质性检验

1. 环境不确定性

根据资源依赖理论，董事会是一种将企业外界环境依赖和资源获取成本最小化的机制安排，董事会通过提供稀缺资源获取渠道、优质信息来源途径等降低企业面临环境的不确定性，从而在复杂多变的经营环境中作出更好的并购决策。

当环境不确定性较高时，企业面临的不确定性因素增多，而扁平的董事会结构不利于将问题聚焦，且在复杂的环境中更易发生秩序混乱和观点争议（Gabrielsson 等，2007）。因此，环境不确定性越高，企业面临的并购风险越大，所获取的并购信息准确度会有所下降，决策者对并购信息的正确判断力也会有所降低，会更加依赖于董事会对信息与资源的有效整合。根据关系契约理论，清晰的董事会非正式层级能够提高董事会的并购决策效率，位于高层级的董事能够接触到更多的资源和讯息，并通过非正式层级形成的协调机制在董事会内部有序共享，促进资源整合，提高董事会对复杂局面的应对能力。综上，当企业面临的环境不确定性越高时，董事会非正式层级对并购决策效率的影响更显著，这也在一定程度上验证董事会非正式层级影响企业并购决策的信息与资源整合效应。

为对该机制进行验证，借鉴申慧慧（2010）的研究方法，通过模型（4－7）来计算环境不确定性：

$$Sale = \beta_0 + \beta_1 Year + \varepsilon \qquad 模型（4-7）$$

其中，变量 Sale 为销售收入，变量 Year 为年份。利用以上模型计算出正常销售收入，模型残差衡量非正常收入，用过去 5 年的非正常收入的标准差除以年销售额的均值即为环境不确定性（EU）。

为考察在不同环境不确定性程度下董事会非正式层级对企业并购决策影响的差异，以分年度分行业计算的环境不确定性均值为标准进行分组检验，检验结果如表 4－12 所示。环境不确定性高组的回归结果如第（1）列至第（2）列所示，低组如第（3）列至第（4）列所示。在环境不确定高组中，董事会非正式层级显著提高了企业并购决策效率，取得了更高的累计超额收益率，而在环境不确定性低组中，董事会非正式层级对企业并购决策效率的影响不再显著。这一分组回归结果说明，在企业面临更复杂的经营环境时，董事会对企业并购决策效率的提升程度更高，验证了董事会非正式层级通过发挥信息与资源整合效应来提升企业并购决策效率。

表 4-12　　环境不确定性异质性检验结果

变量	环境不确定性高组		环境不确定性低组	
	(1)	(2)	(3)	(4)
	MA_D	MA_CAR	MA_D	MA_CAR
GINI	-0.181**	0.054**	-0.080	0.020
	(-2.115)	(2.074)	(-0.865)	(0.753)
SIZE	-0.025	0.001	-0.036**	-0.004
	(-1.499)	(0.209)	(-2.053)	(-0.678)
LEV	0.218**	0.033	0.226**	-0.007
	(2.310)	(1.080)	(2.134)	(-0.226)
GROWTH	0.396***	0.006	0.671***	0.008
	(12.840)	(0.743)	(6.940)	(0.394)
PPE	-0.435***	0.001	-0.530***	0.022
	(-3.562)	(0.024)	(-4.203)	(0.568)
AGE	-0.119***	-0.008	-0.294***	-0.008
	(-5.295)	(-1.064)	(-7.088)	(-0.626)
DFL	0.124	0.028	0.372**	-0.013
	(0.924)	(0.726)	(2.339)	(-0.299)
DHR	0.098	0.020	-0.031	-0.080**
	(1.189)	(0.819)	(-0.235)	(-2.316)
IDR	0.516*	0.094	-0.011	0.019
	(1.885)	(1.203)	(-0.036)	(0.212)
RET		0.059***		0.083***
		(5.589)		(7.315)
CFV		-0.318**		0.165
		(-2.385)		(1.018)
DEAL		0.044***		0.051***
		(3.500)		(4.089)
PAYT		-0.059***		-0.067***
		(-5.173)		(-5.982)

续表

变量	环境不确定性高组		环境不确定性低组	
	(1)	(2)	(3)	(4)
	MA_D	MA_CAR	MA_D	MA_CAR
REL		0.002		0.006
		(0.227)		(0.579)
IND	YES	YES	YES	YES
YEAR	YES	YES	YES	YES
_cons	-1.241***	-0.083	-0.403	0.161
	(-3.038)	(-0.577)	(-0.950)	(1.141)
N	11545	1209	11342	1067
Adj R^2	0.072	0.179	0.071	0.206

注：*、**、*** 分别表示 10%、5% 和 1% 的显著性水平；括号内为 T 值。

2. 股权集中度

董事会非正式层级对企业并购决策的影响会受到股权结构的影响。在公司治理结构中，董事会成员由股东投票推选，代表着全体股东的整体利益。当股权结构较分散时，董事成员之间存在较大的经历差异和认知差异，且代表的利益群体不同，由观点不同所产生内部分歧和意见冲突的可能性增加。加之股权结构分散，受大股东控制的影响较小，董事会独立性较高，董事会更有可能充分发表专业意见。根据关系契约理论，清晰的董事会非正式层级通过关系治理规则有效整合董事会内部意见差异，形成董事经验与信息的内部分享机制，并引导董事会有序交流，激发董事成员的合作意愿和决策参与度，提高董事会凝聚力从而提升决策效率。因此，在股权较为分散时，董事会非正式层级对企业并购决策的影响效应更明显。当股权较为集中时，大股东发挥投票权安排更多的代表其利益的董事，董事会决策很大程度上代表了大股东的诉求，董事会独立性受到干预，成为大股东的代言人，因此，在股权集中度高的企业中，董事会受制于大股东，虽然降低了董事会的冲突和异议，但产生了抑制董事会多元意见表达的负面结果，在此情境中，董事会非正式层级难以发挥作用。综上所述，在不同的股权集中度条件下，董事会非正式层级对企业并购决策的影响有所不同，当股权结构较为集中时，董事会非正式层级对企业并购决策效率的影响程度会被削弱，当股权结构较为分散时，董事会非正式层级对企业并购决策效率的影响程度会更强。

为检验在不同股权集中度条件下，董事会非正式层级对企业并购决策效率的影响差异，本章选定第一大股东的持股比例（SHARE1）作为股权集中度的衡量指标，以分行业分年度的第一大股东持股比例均值为标准，划分为两个子样本，分别代入模型（4－4）和模型（4－5）中进行回归，结果如表4－13所示。股权集中度较高的子样本回归结果列示于第（1）列至第（2）列中，股权集中度较低的子样本回归结果列示于第（3）列至第（4）列中。

在股权集中度较高的样本组中，董事会非正式层级对企业并购决策、董事会非正式层级对企业并购累计超额收益的回归系数均不显著；在股权集中度较低的样本组中，董事会非正式层级对企业并购决策的Probit回归系数为－0.254，在1%水平上显著，董事会非正式层级对企业并购累计超额收益的回归系数为0.065，显著为正。该分组回归结果说明，当股权集中度较高时，董事会非正式层级与企业并购决策效率的相关关系被削弱，即当股权集中度较为分散时，董事会非正式层级提高企业并购决策效率的作用更加明显。

表 4-13　　股权集中度异质性检验结果

变量	股权集中度高组		股权集中度低组	
	(1)	(2)	(3)	(4)
	MA_D	MA_CAR	MA_D	MA_CAR
GINI	-0.058	0.014	-0.254***	0.065***
	(-0.611)	(0.529)	(-2.896)	(2.655)
SIZE	-0.043**	-0.013**	-0.009	0.009
	(-2.391)	(-2.090)	(-0.508)	(1.572)
LEV	0.309***	0.034	0.131	-0.007
	(2.864)	(1.060)	(1.351)	(-0.239)
GROWTH	0.449***	0.015	0.384***	-0.005
	(10.622)	(1.411)	(9.664)	(-0.436)
PPE	-0.352***	-0.003	-0.535***	0.051
	(-2.740)	(-0.075)	(-4.308)	(1.311)
AGE	-0.152***	-0.005	-0.196***	-0.006
	(-5.600)	(-0.619)	(-6.692)	(-0.649)
DFL	0.295*	-0.062	0.214	0.072*
	(1.923)	(-1.496)	(1.490)	(1.897)
DHR	0.036	-0.015	0.113	0.001
	(0.390)	(-0.586)	(0.986)	(0.037)
IDR	0.202	0.011	0.308	0.075
	(0.683)	(0.130)	(1.074)	(0.960)
RET		0.055***		0.086***
		(4.775)		(8.291)
CFV		-0.202		-0.021
		(-1.410)		(-0.148)
DEAL		0.020		0.071***
		(1.497)		(5.979)
PAYT		-0.074***		-0.050***
		(-6.101)		(-4.775)

续表

变量	股权集中度高组		股权集中度低组	
	(1)	(2)	(3)	(4)
	MA_D	MA_CAR	MA_D	MA_CAR
REL		0.009		0.006
		(0.763)		(0.605)
IND	YES	YES	YES	YES
YEAR	YES	YES	YES	YES
_cons	-0.887**	0.326**	-1.128***	-0.240*
	(-2.070)	(2.256)	(-2.667)	(-1.740)
N	10207	1050	11887	1249
Pseudo/Adj R^2	0.065	0.167	0.083	0.215

注：*、**、*** 分别表示 10%、5% 和 1% 的显著性水平；括号内为 T 值。

（三）董事会正式权力层级、非正式层级与企业并购决策

并购决策会受到董事会层级的影响，该层级既可以是正式权力层级，也可以是非正式层级，前者表现为显式层级，后者为隐性层级。董事会正式权力层级是由正式制度或组织章程所定的正式权力分布。李长娥和谢永珍（2017）研究发现，董事会正式权力层级能够通过民营企业创新战略从而促进民营企业的成长，这是因为正式权力层级不明显，权力分布均衡，所以决策变缓，贻误战略机会。然而，在企业并购中，正式权力层级将会发挥何种作用，还需要具体分析。企业并购较为复杂，在实践中存在许多私利动机驱动的并购决策，基于委托代理理论，现有研究发现企业并购能够为高管带来薪酬增加、扩大控制资源等私有利益，尤其是掌握权力的 CEO 会在并购中进行权力寻租，这能够很好地解释并购中存在的“损益之谜”等问题（张洽和袁天荣，2013；张洽，2013）。正式权力层级越明显，权力分布越集中，代表企业董事长或 CEO 拥有

了更多的正式权力的同时缺乏对其权力的制衡。因此，不同于关系契约理论下非正式层级发挥的作用，在正式权力层级愈加明显的企业中，权力寻租的私利并购动机将会更加明显，且在正式权力面前，其他董事成员发表异议的概率将会降低。当董事会正式权力层级较小，权力分布较为分散，作出以私有收益为动机的并购决策难度较大。因此，本章认为董事会正式权力层级越明显，企业发起并购的可能性更高，作出的并购决策越多，但这些并购决策中会有更多的是权力掌握者进行的寻租型并购，这些并购多是低效并购，所以并不能够取得显著高的累计超额收益，很难获得显著为正的市场反应。

为对此进行检验，本章借鉴借鉴卫旭华等（2015）、李长娥和谢永珍（2017）的研究方法，以董事会权力结构变异系数作为董事会正式权力层级（DFL）的代理变量，分别代入模型（4－4）和模型（4－5）中进行回归，结果如表4－14的第（1）列和第（2）列所示。以DFL为解释变量进行的Probit回归结果中，DFL的系数为0.250，且在5%水平上显著，该结果表示董事会正式权力层级越明显，企业越容易发起并购，进行并购的概率越高，并购活动更加活跃。以DFL为解释变量以并购市场反应（MA_CAR）为被解释变量进行的回归结果中，系数为0.010，但未通过显著性检验。第（3）列和第（4）列是以董事会非正式层级（GINI）为解释变量，控制变量中不包含董事会正式权力层级的回归结果，可以发现非正式层级越清晰，发起并购的可能性降低，但并购决策的市场反应更好。该结果可以得出以下结论：在董事会权力层级更加明显的企业中，掌握更多正式权力的董事成员，如董事长和CEO兼任的情况下，将会产生更多的私利动因驱动的并购，因此企业并购数量增加，这些并购并未得到显著的市场反应；然而，当存在清晰的非正式层级结构时，企业发起并购的可能性降低，且作出的并购决策能够得到更高的市场认可度。

表 4 - 14　　董事会正式权力层级、非正式层级与企业并购决策

变量	(1)	(2)	(3)	(4)
	MA_D	MA_CAR	MA_D	MA_CAR
DFL	0.250**	0.010		
	(2.390)	(0.370)		
GINI			-0.168***	0.046**
			(-2.627)	(2.572)
SIZE	-0.020	-0.002	-0.026**	-0.001
	(-1.620)	(-0.531)	(-2.122)	(-0.235)
LEV	0.203***	0.027	0.209***	0.025
	(2.843)	(1.295)	(2.933)	(1.206)
GROWTH	0.420***	0.006	0.422***	0.005
	(14.557)	(0.836)	(14.631)	(0.733)
PPE	-0.474***	-0.004	-0.476***	-0.004
	(-5.350)	(-0.147)	(-5.382)	(-0.155)
AGE	-0.182***	-0.002	-0.179***	-0.004
	(-9.515)	(-0.409)	(-9.310)	(-0.786)
DHR	0.059	0.067***	0.0980	0.068***
	(0.831)	(9.002)	(1.381)	(9.099)
IDR	0.261	-0.124	0.341*	-0.132
	(1.277)	(-1.259)	(1.689)	(-1.350)
RET		-0.009		-0.013
		(-0.456)		(-0.704)
CFV		0.054		0.055
		(0.957)		(0.990)

续表

变量	(1)	(2)	(3)	(4)
	MA_D	MA_CAR	MA_D	MA_CAR
DEAL		0.097 ***		0.098 ***
		(7.194)		(7.297)
PAYT		-0.049 ***		-0.048 ***
		(-6.044)		(-6.002)
REL		0.002		0.002
		(0.323)		(0.245)
IND	YES	YES	YES	YES
YEAR	YES	YES	YES	YES
_cons	-1.177 ***	0.029	-0.868 ***	-0.018
	(-4.097)	(0.307)	(-2.984)	(-0.186)
N	22110	2269	22110	2269
Adj R^2	0.071	0.144	0.071	0.201

注：*、**、*** 分别表示 10%、5% 和 1% 的显著性水平；括号内为 T 值。

（四）独立董事非正式层级与企业并购决策

考虑到独立董事的特殊性，本章进一步考察独立董事非正式层级对企业并购决策的影响。一方面，独董制度设计的初衷在于监督，以防控股股东的利益侵占行为和管理层的机会主义行为，从而维护公司整体利益；另一方面，独立董事所拥有的社会资本和依靠社会资本所带来的咨询职能也受到聘任公司的重视。由于独立董事团队内部不存在正式权力等级，非正式层级为独立董事团队带来的隐性秩序可能会影响独立董事团队的运作机制，从而对企业并购产生影响。

独立董事非正式层级对并购决策的影响在于对管理层并购决策的监督效应和依据自身社会资本带来的并购资源效应，前者能够抑制管理者自利型并购，后者既能够为企业带来一些并购机会也能够帮助排除那些非增值的并购项目，独立董事非正式层级对企业并购倾向的影响方向取决于二者的影响程度；而独立董事非正式层级的监督效应和资源效应均能够优化并购决策，为企业并购决策的市场反应带来正面影响。因此，独立董事非正式层级较为清晰的企业作出的并购决策能够取得更好的市场反应，非正式层级能够强化独立董事团队为企业并购带来的正向财富效应。

独立董事非正式层级对企业并购决策影响的实证结果如表 4 - 15 所示，可以发现独立董事非正式层级（GINI_ID）对企业并购决策的 Probit 回归系数显著为正，并未通过显著性检验。但是独立董事非正式层级（GINI_ID）对企业并购市场反应的影响系数为 0.024，在 5% 水平上显著为正，独立董事非正式层级越清晰的企业，并购决策能够获得更高的累计超额收益，更能够得到市场的认可，非正式层级能够强化独立董事团队为企业并购带来的正向财富效应。

表 4 - 15　　　　独立董事非正式层级与企业并购决策

变量	(1)	(2)
	MA_D	MA_CAR
GINI_ID	0.002	0.024**
	(0.042)	(2.011)
SIZE	-0.022*	-0.005
	(-1.721)	(-1.109)
LEV	0.185**	0.030
	(2.480)	(1.348)
GROWTH	0.417***	0.003
	(13.800)	(0.330)

续表

变量	(1)	(2)
	MA_D	MA_CAR
PPE	-0.468***	0.001
	(-5.063)	(0.035)
AGE	-0.180***	-0.001
	(-9.064)	(-0.207)
DFL	0.262**	-0.004
	(2.422)	(-0.155)
DHR	0.060	-0.014
	(0.827)	(-0.721)
IDR	0.222	0.036
	(1.053)	(0.618)
RET		0.071***
		(9.054)
CFV		-0.068
		(-0.666)
DEAL		0.087***
		(6.267)
PAYT		-0.057***
		(-6.716)
REL		0.006
		(0.729)
IND	YES	YES
YEAR	YES	YES
_cons	-1.119***	0.080
	(-3.667)	(0.797)
N	20425	2109
Adj R^2	0.069	0.203

注：*、**、***分别表示10%、5%和1%的显著性水平；括号内为T值。

本章小结

本章选取并购宣告日在2008—2019年且主并方为沪深A股上市公司的并购事件作为研究样本，实证研究了董事会非正式层级对企业并购决策的影响。现有研究大多基于董事会中观层面展开研究，较少探讨董事成员之间基于声望地位产生的关系治理因素对企业并购决策的影响。本章以关系契约理论为基础，系统考察了董事会非正式层级对企业并购决策的影响与作用机制，如图4－2所示。

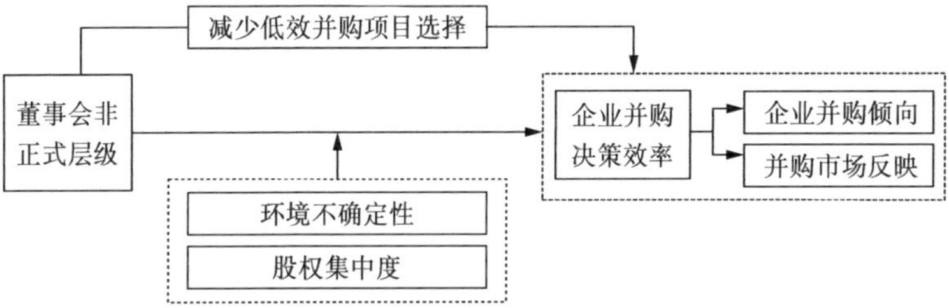

图4－2　董事会非正式层级影响企业并购决策效率路径

具体来看，本章研究得出以下结论：

（1）董事会非正式层级增加企业并购决策的审慎程度，抑制企业盲目发起并购。企业创新决策受到董事会内部运作机制的影响，非正式层级为董事会信息交流提供了隐性秩序，降低信息沟通成本，有利于整合董事会内部资源，增强董事会运行质量，从而作出更好的并购决策并加强对管理层的监督，降低管理层在创新中的代理冲突，从而对企业并购决策产生正面影响。基于我国上市公司并购异常活跃但却未创造并购价值这一现实背景，董事会非正式层级能够抑制企业盲目发起并购，增加企业并购决策的审慎程度，从而降低企业作出发起并购这一决策的可能性。

（2）董事会非正式层级结构越清晰，企业作出的并购决策得到更好的市场反应，在并购宣告日窗口期内取得了更高的累计超额收益。由于董事会非正式层级结构越明显，越有可能过滤掉无效并购决策，在资本市场有效假说下，存在清晰的董事会非正式层级的企业作出的并购决策能够得到更多投资者的认可，从而获得更高并购市场绩效。

（3）董事会非正式层级通过管理者责任监督机制和信息资源整合机制来提高企业并购决策效率。从管理者责任监督机制来看，基于代理理论和帝国构建理论，管理层具有发起并购的强烈意愿，产生以机会主义为动机的自利型并购，清晰的董事会非正式层级强化了董事会的监督职能，减少企业的无效并购行为。从信息资源整合机制来看，董事会非正式层级能够建立了董事会内部信息交流秩序、能够通过层级激励高位董事将信息优势转化为信息资源，因此，当企业面临较高的环境不确定性时，董事会非正式层级对企业并购决策的影响更显著。

（4）当环境不确定性较高、股权集中度较分散时，董事会非正式层级对企业并购决策的正向影响更加明显。当环境不确定性较高时，企业面临更多的不确定因素增多，更加依赖董事会对资源的整合，董事会非正式层级对企业并购决策的促进效应增强。当股权集中度较高时，董事会内部的多元化意见减少，非正式层级作为差异整合机制，对并购决策发挥的作用有限。

（5）董事会正式权力层级带来更多的并购活动，但这些并购决策并未取得显著为正的并购市场反应。当正式权力层级较为明显时，如董事长和CEO两职兼任的条件下，缺乏正式权力的有效制衡，难以对企业并购中的代理问题产生治理作用，将会带来更多的管理者自利型并购，这些并购决策难以得到较高的市场认可度。独立董事非正式层级虽然对企业并购倾向没有产生显著的实质性影响，但却能够为企业并购带来显著的正向财富效应。

第五章 董事会非正式层级对企业并购定价的影响研究

第一节 问题的提出

在企业并购中，定价是并购双方关注的焦点问题，这直接关系到并购的效率和效果（温日光，2017）。在并购中，中国 A 股市场出现了高估值、高溢价和高业绩承诺的“三高”问题①。据统计，2011 年我国 A 股上市公司的溢价比例约为 134.62%，2016 年则增长到 968.11%（张莹和陈艳，2020），2019 年发生的并购事件中，高于 70% 的并购交易产生了并购溢价（王晓颖等，2021），大部分的溢价并购在并购后一段时间内出现了商誉减值、收益下降等现象。既然如此，为何在并购定价中会产生不合理的高溢价？

现有文献主要有以下几个解释角度：一是资源基础观，该理论认为收购方愿意支付的溢价源于潜在的并购协同价值，预期并购能

① 资料来源：证券日报网《从严监管防范“三高”并购风险》，2019 年 2 月 16 日，http：//www. zqrb. cn/finance/hangyedongtai/2019－02－16/A1550270728479. html。

够带来较大的协同效应时，支付的溢价越高（Wernerfelt，2011）。二是信息不对称理论，该理论指出并购双方之间存在严重的信息不对称，被收购方倾向于隐藏对自己不利的定价信息，为获取更多利益而粉饰业绩，收购方难以获取准确而又全面的信息，从而高估了目标企业的价值，从而产生高并购溢价（孙淑伟等，2017）。三是委托代理理论中的高管自负理论，该理论认为高并购溢价是管理层自负引起的，即由管理层的非理性引起的，管理层在并购中往往高估自身能力，因过度自信而降低信息收集意愿（李善民等，2015），从而高估了并购潜在的协同效应，低估了并购风险和并购不确定性，从而过高定价，产生不合理的高溢价（曾春华等，2017）。基于并购相关理论，并购溢价可以分为合理溢价和不合理溢价两部分，综合上述三个并购理论解释角度，可以发现资源基础观只能对并购中的合理溢价作出有效解释，并不能够对不合理"高溢价"作出解释。

高溢价并购是企业并购价值损害的主要原因之一，也是近几年出现商誉"爆雷"① 的根源所在，给企业与资本市场带来了系列不良经济后果。一方面，高溢价是在并购过程中进行过度定价导致的，表示目标资产在并购后的现实收益远低于预期收益，这会给收购方企业带来投资效率降低、财务负担加重、业绩下滑等不良经济后果。另一方面，高溢价通常伴随着高业绩承诺，在对赌期限内若未实现承诺的业绩目标，收购方企业需要对商誉计提减值，影响当期净利润，向资本市场传递负面信息，股价崩盘风险增加，导致商

① 资料来源：证券时报网《上市公司业绩集中"爆雷"后 1.4 万亿商誉何去何从?》，2019 年 3 月 7 日，http：//www.p5w.net/stock/news/zonghe/201903/t20190307_2265712.htm。

誉“爆雷”。高溢价并购既不利于企业的高质量发展，也不利于资本市场的繁荣稳定，已经成为现阶段亟须解决的重要问题。解决该问题的关键在于回答哪些因素能够影响并购“高溢价”？这些因素如何影响并购“高溢价”？并购在一定程度上取决于企业决策的自由裁量权，因此现有研究从董事会成员特征与结构特征（Wang等，2015；逯东等，2019）、CEO个人特征与激励特征（Malmendier和Tate，2008；Aktas等，2013；Custodio和Metzger，2013；潘爱玲等，2018；Guo等，2019；曾宪聚等，2020）等方面研究了对企业并购溢价的影响。然而，董事会内部的非正式结构是否能够对企业并购“高溢价”产生治理作用？其作用机理是什么？哪些因素能够影响到其对并购“高溢价”的作用？目前，尚未有文献对此进行深入研究。

基于上述背景，本章将立足企业并购定价阶段，重点研究董事会非正式层级对企业并购“高溢价”的影响及作用机理。研究发现，在董事会非正式层级结构清晰的企业中，“高溢价”问题得到显著抑制，这是由于董事会非正式层级一方面通过发挥管理者责任监督效应从而降低管理者过度自信，另一方面通过发挥信息与资源整合效应从而降低收购方与被并方之间的信息不对称，上述两条路径是董事会非正式层级降低企业不合理并购溢价的作用机制。此外，本章研究还发现，在非国有企业中，董事会非正式层级对企业并购高溢价的抑制作用更加明显，但当CEO位于非正式层级最高位置时，董事会非正式层级对企业并购高溢价的抑制作用被削弱。本章的研究结论基于新的研究视角从微观动态交互层面理解董事会结构特征对企业并购“高溢价”的影响，对企业加强董事会建设、提升并购定价水平并抑制并购“高溢价”问题具有借鉴意义。

本章的边际贡献如下：（1）首次研究了董事会非正式层级对企业并购“高溢价”的影响，并得出清晰的董事会非正式层级能够抑制企业并购高溢价的结论，为并购高溢价影响因素研究提供了新的证据。（2）构建董事会非正式层级与企业并购“高溢价”的理论模型。提出并验证董事会非正式层级通过降低管理层过度自信和并购双方信息不对称两条路径影响企业并购高溢价，打开了董事会非正式层级对并购高溢价的作用“黑箱”。（3）现有研究多未将并购溢价依据合理性进行区分，将并购溢价作为高溢价衡量标准，因此研究结论尚未得到统一，本章将基于并购理论，将并购溢价分为合理并购溢价和非合理并购溢价（即“高溢价”）两部分，并针对高溢价进行重点研究，使得更加契合研究主题从而得出更加明确和可靠的研究结论。

第二节　理论分析与假设提出

并购溢价是并购定价最直接的结果。在并购实践中，诸多主客观因素导致企业并购定价过高，实际支付的溢价超出了合理的水平，出现了普遍的并购“高溢价”问题。探究董事会非正式层级如何影响企业并购“高溢价”，首先要厘清企业并购溢价的生成机理，其次结合生成机理围绕非正式层级特征，剖析董事会非正式层级影响企业并购“高溢价”的作用机制。

（一）企业并购“高溢价”的生成机理

1. 客观环境导致的并购“高溢价”

不确定性和风险贯穿于企业并购的全流程。在定价阶段，不确定性和风险主要来源于收购方和被收购方之间的信息不对称，从而作出错误定价决策，这是导致企业并购高溢价问题产生的客观现实环境。根据行为经济学理论，在不确定环境中决策者的认知偏差会影响其决策（Hambrick，1997）。因此，在信息不对称条件下，决策者会倾向于选择简化的现实模型来帮助决策，如赋予自己的并购经验、他人相似的决策经验等更多的权重，从而导致溢价决策过程中出现“锚定效应”（陈仕华和李维安，2016）。

从信息经济学角度来看，并购中的高溢价是收购方在信息不对称条件下所支付的信息费用。非对称的信息环境是信息经济学的既定条件，交易双方各自掌握一些私人信息，这些信息并不为交易对方所了解。将其置于并购情境中，并购定价是收购方与评估机构以其掌握的与并购标的实际情况有关的信息为基础作出的，与收购方相比，被并方掌握了更多的信息，被收购方更加了解自身的实际经营情况和财务状况，更加了解自身的资产情况，是具有信息优势的一方。由于收购方与被收购方之间存在利益博弈，因此被收购方管理者具有倾向于隐瞒不利于自身定价的真实信息、提供质量较低甚至不实财务信息的动机。并购标的方的财务信息是进行并购定价的主要依据，因此低质量的信息能够导致收购方付出更多的并购溢价。

2. 主观因素导致的并购“高溢价”

导致并购“高溢价”的主观因素主要从委托代理理论和“并购套利观”两个角度分析。从委托代理理论角度来看，管理者对私利的追求和管理者过度自信导致企业并购“高溢价”；从“并购套利”理论角度来看，利用被高估的股价在并购中进行套利是产生“高溢价”和高商誉的原因。

管理者追求私利的动机与管理者过度自信将会导致并购“高溢价”。前述理论部分已经分析了在委托代理关系中，管理者与股东之间的代理冲突导致管理者具有强烈的并购动机，为了促成并购，避免“煮熟的鸭子飞走”（王晓颖等，2021），管理层会不惜过度支付来促使并购意向的顺利达成。一方面，管理者通过并购能够增加薪酬（张洽和袁天荣，2013）、获取私有收益（施继坤等，2014）的同时，扩大所控制资源规模和权力，增加公司对现有管理者的依赖程度；另一方面，为了不被他人并购，管理者会主动并购增加企业规模来进行防御。因此，管理者为了满足私利会不惜花费更高的代价促使并购完成，用价格优势来获取并购的成功，从而产生高溢价。从管理者自负假说角度来看，Malmendier 和 Tate（2008）的研究指出存在过度自信的管理者通常会高估自己的能力、低估并购中的风险、高估并购带来的收益，盲目乐观，过度支付从而产生高溢价。Liu 和 Chen（2017）的研究也证明了管理层过度自信与并购溢价之间具有正相关关系。因此，管理者盲目的过度自信也是导致并购高溢价的原因。

股价高估导致的并购套利动机将会带来并购“高溢价”。并购套利观假设并购双方的内部人是理性主体，而外部投资者是非理性个体，并购双方的内部人会利用股价的高估在企业并购中进行套利，从而产生高额并购溢价。并购套利观[①]认为商誉是内部人利用市场的无效率和企业市场估值的差异来进行套利的工具（潘红波等，2019），因此，内部人的并购套利产生了高额的并购溢价。胡

① 并购套利观：与并购效率观相对应，效率观认为并购溢价（商誉）是收购方为获取并购协同而进行的额外支付。

凡和李科（2019）研究指出在股价被高估的阶段，公司实施了更多的并购，并购规模显著上升，且往往支付了更多的溢价，产生金额较高的并购商誉。相比于外部投资者，并购双方的内部人处于信息优势端，非理性的外部投资者会认为并购溢价是高额并购协同价值的体现，因此市场反应较好，然而内部人会通过概念式重组、利用外部投资者的积极反应来助推股价，随后进行内部人减持、股权质押等途径实现套利（廖珂等，2020）。

综上，在实践中的并购高溢价的生成机理一方面源自并购双方的信息不对称等客观环境，如并购中客观存在的不确定性和信息不对称增加了对并购标的进行合理估值的难度，从而导致高溢价；另一方面来自管理者等内部人的主观因素，如管理者的过度自信、私有收益获取以及内部人并购套利等动机导致高溢价。董事会非正式层级可以通过影响估值能力与并购动机从而影响企业并购定价。

（二）董事会非正式层级与并购“高溢价”

基于关系契约理论，董事会非正式层级能够产生信息与资源整合效应与管理者责任监督效应。因此，在理论上，董事会非正式层级能够从两方面影响并购定价，一是董事会非正式层级能够提高信息与资源整合效率从而缓解并购双方信息不对称的问题，以此来缓解并购高溢价；二是董事非正式层级能够通过增加董事会监督意愿和监督能力来发挥管理者责任监督效应，从而降低管理层自负和追求私利带来的并购高溢价。

其一，董事会是并购决策机构，其并购信息效率直接关系企业并购定价决策，影响企业并购“高溢价”。董事会在现代公司治理中是公司权力结构的重要实体，作为连接企业内部与外部的桥梁，董事会成员不断向企业内部输入其发展所需的资源，帮助企业作出有效的决策，以保证公司战略目标的实现（李维安等，2014）。从信息与资源提供效率角度，董事会非正式层级对并购高溢价的影响主要表现在信息获取能力、信息沟通效率、定价谈判优势方面。

（1）信息获取能力。处于董事会非正式层级最高位的董事成员具有更强的能力和更丰富的社会资本，能够获取更可靠、更优质的外部联系，从而充分获取与并购估值相关的信息，从而降低在并购定价中面临的不确定性和信息不对称程度，更加充分地了解并购标的资产质量、经营情况和财务状况。一方面，处于高层级的董事成员具有高质量外部联系，拓展了信息获取的渠道，高层级董事成员通过社会关系可以获取到关于并购标的方创新能力、客户关系、资产质量等关系估值的重要信息，降低信息不对称程度，降低不确定性。另一方面，处于高层级的董事成员具有较高的专业判断能力，有效甄别定价信息。并购尽职调查需要对并购标的方的资料进行收集和分析，检查和核实，对信息质量要求较高，高层级董事成员较高的专业判断能力使其能够对信息作出有效识别，增强定价的准确性，降低信息不对称程度。

（2）信息沟通效率。董事会需要就并购定价有关决策达成一致意见，这离不开董事会内部有效的信息沟通机制。依据关系契约理论，清晰的非正式层级结构为董事会提供了一种有序互动、支持合作的隐性机制，这种依据信任和尊重建立起来的层级结构能够避免董事会内部的矛盾与纷争从而降低无效的内耗，降低沟通成本，保证有效信息在董事会内部有序流动，提高董事会沟通交流有效性（He 和 Huang，2011；武立东等，2016；陈仕华和张瑞彬，2020）。

（3）定价谈判优势。并购定价是在并购双方博弈基础上达成的，且并购定价存在较大弹性与波动空间，收购方是否占据谈判优势决定着并购交易定价情况（张先治和杜春明，2020）。定价谈判优势获取是以充分掌握对方信息为基础的，由于清晰的董事会非正式层级有助于董事会充分获取信息并进行有效沟通，以此来降低并购双方之间的信息不对称程度，从而能够更准确地权衡并购带来的收益和风险，进而在并购谈判中取得谈判优势，压缩并购溢价空间，使得并购定价更加合理，有效地降低不合理的高溢价。

其二，董事会是重要的公司治理制度安排，其对管理者责任的监督效力也会影响企业并购“高溢价”。基于委托代理理论，企业并购定价不可避免地要受到管理者自利动机与自负特征等的影响，董事会作为企业战略决策机构与咨询机构，有责任对管理者行为作出监督。从监督能力角度来看，在有限的董事会会议时间内，清晰的非正式层级帮助董事会提高并购定价决策效率，提升并购定价认知水平，强化对管理者责任监督能力，从而有效识别管理者在并购定价中的不合理溢价，从而抑制管理者的自利动机，降低管理者的自负水平。从监督意愿角度来看，非正式层级能够促进董事会保持独立性（王晓亮和邓可斌，2020），这是由于非正式层级中嵌入的关系规则带来的团结和凝聚力决定的，董事会的凝聚力越强，董事会成员与 CEO 为代表的管理者的合谋成本越大，从而董事会对并购定价中的管理者责任监督意愿越强。综合上述两个方面，在并购定价阶段，董事会非正式层级能够对管理者责任起到强有力的监督作用，使得并购定价趋于合理，降低并购定价中的不合理溢价。

综上所述，在并购定价阶段，董事会非正式层级能够产生信息与资源整合效应与管理者责任监督效应。从信息与资源提供效率角度，清晰的董事会非正式层级能够增强董事会对并购定价信息的获取能力，提高董事会的信息沟通效率，从而取得并购定价谈判优势，以此来抑制不合理并购溢价的产生；从管理者责任监督效应角度，由于非正式层级增强了董事会的监督能力和意愿，能够对由管理者自利动机和自负特征带来的高溢价产生抑制作用，从而降低不合理的并购溢价。基于此，提出本章假设：

假设 H5－1：清晰的董事会非正式层级能够降低企业并购定价中的不合理并购溢价，即董事会非正式层级能够显著缓解并购“高溢价”问题。

董事会非正式层级影响企业并购高溢价的理论框架如图 5－1 所示。

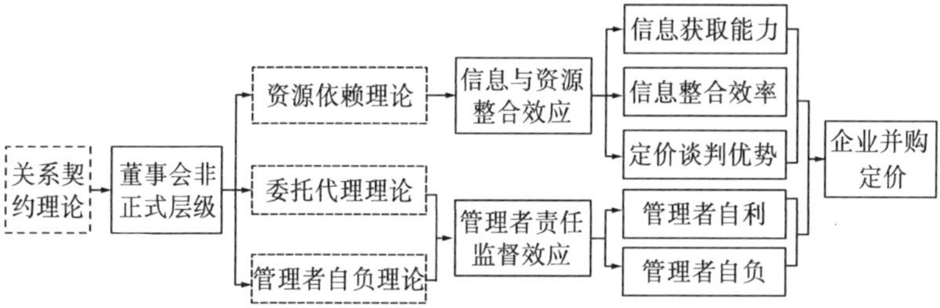

图 5－1 董事会非正式层级与企业并购定价理论模型

第三节 研究设计

一、样本选取与数据来源

本章选取并购宣告日在 2008—2019 年且主并方为沪深 A 股上市公司的并购事件作为初始研究样本，并进行如下处理：（1）剔除并购交易未成功样本；（2）一年内多次并购的样本仅保留第一次并购；（3）剔除债务重组、股份回购、资产剥离和资产置换样本；（4）剔除金融业公司、ST 和*ST 公司；（5）剔除数据缺失样本。此外，为避免异常值对研究结论的干扰，对样本进行上下 1% 的缩尾处理。经过上述处理后，共得到“公司 - 年度”层面的并购样本观测值 2117 个。并购数据以及其他财务数据均来源于 CSMAR 数据库、CNRDS 数据库和 RESSET 数据库，部分缺失值手工查阅公告和证券网站补足。

二、变量定义与模型构建

（一）变量定义

1. 被解释变量

本章的被解释变量是并购定价中的不合理并购溢价，参考魏志华和朱彩云（2019）的研究方法，用并购超额商誉（MA_EGW）来衡量。根据企业并购理论，并购溢价既可以是并购协同效应的体现，也可能是信息不对称、管理者过度自信的产物，即在并购溢价中存在合理和不合理两部分。本章关注的是董事会非正式层级对并购定价中不合理溢价部分的影响，魏志华和朱彩云（2019）的研究认为，超额商誉的产生源于并购时对主并和被并双方合并后能产生的协同效应高估，从而支付了超过合理水平的并购溢价，即超额商誉是收购方对并购标的作出了过高估值并支付了被并方不合理的并购溢价。因此，本章选择超额商誉来衡量并购定价中不合理的溢价成分。

利用模型预测法，采用商誉期望模型的回归残差来测度超额商誉。商誉期望模型中，选取并购特征变量、行业商誉水平、企业特征和行业与年度虚拟变量对企业商誉水平进行回归。其中，并购特征包括是否现金支付、买方支付额两个变量，行业商誉水平指的是分行业分年度计算的其他企业商誉水平均值，企业特征包括企业规模、盈利水平、企业成长性、管理层持股、董事长和CEO是否两职合一五个变量。进行回归后用企业商誉水平真实值减去预测值得到的残差来衡量企业超额商誉，即并购定价中不合理的溢价部分。

2. 控制变量

参考现有文献（张莹和陈艳，2020），选取公司规模（SIZE）、资产负债率（LEV）、企业成长性（GROWTH）、固定资产比例（PPE）、经营现金流波动性（CFV）、董事会正式权力层级（DFL）、董事会持股比例（DHR）、独立董事占比（IDR）、并购交易规模（DEAL）、并购支付方式（PAYT）、是否关联并购（REL）等作为控制变量。同时，控制年度和行业固定效应。变量定义与说明如表5-1所示。

表5-1　　变量定义与说明

变量类型	变量名称	变量符号	变量定义
被解释变量	并购“高溢价”	MA_EGW	用并购超额商誉来衡量
解释变量	董事会非正式层级	GINI	根据模型（4-3）计算得到的基尼系数
控制变量	公司规模	SIZE	第t年末总资产金额的对数
	资产负债率	LEV	第t年末负债总额/第t年末总资产
	企业成长性	GROWTH	第t年相对于第t-1年的总资产增长率
	固定资产比例	PPE	第t年末固定资产/第t年末总资产
	经营现金流波动性	CFV	样本公司用总资产标准化后的经营现金流量在三年内（t-2期、t-1期、t期）标准差
	董事会正式权力层级	DFL	董事会正式权力分布的变异系数
	董事会持股比例	DHR	董事会持股数量/总股数

续表

变量类型	变量名称	变量符号	变量定义
控制变量	独立董事占比	IDR	独立董事人数与董事会总人数的比值
	并购交易规模	DEAL	并购交易金额与总资产的比值
	并购支付方式	PAYT	并购支付方式为现金支付则取值为1，否则为0
	是否关联交易	REL	并购属于关联交易取值为1，否则为0
	行业	IND	虚拟变量
	年度	YEAR	虚拟变量

（二）模型构建

为检验董事会非正式层级对企业并购定价中不合理溢价的影响，构建多元回归模型（5－1）：

$$MA\_EGW = \alpha_0 + \alpha_1 GINI_{i,t} + \sum Controls + \sum Year + \sum Ind + \varepsilon_{i,t}$$

模型（5－1）

其中，α_0 为常数项，α_1 为回归系数，Controls 是控制变量，Year 是年度虚拟变量，Ind 是行业虚拟变量，$\varepsilon_{i,t}$是误差项，i 代表企业，t 代表年度。当回归系数 α_1 小于零时，表明董事会非正式层级降低了企业并购定价中不合理溢价部分。

第四节　实证结果与分析

一、描述性统计

对本章所涉及的主要变量进行描述性统计，结果如表 5－2 所示。企业并购定价中不合理溢价（MA_EGW）的均值为0.018，说明样本企业在并购项目中普遍产生了不合理并购溢价，存在对并购目标价值高估情况，其最小值为-0.102，最大值为0.291，表明样本企业中不合理溢价情况存在较大差异。董事会非正式层级（GINI）的均值为0.654，最小值和最大值分别为0.128和1.000，均在正常值范围内。该统计结果表明样本企业中的董事会非正式层级结构且具有一定差异，这将为后续研究提供实证基础。公司层面控制变量和并购交易特征控制变量的描述性统计结果均在正常范围之内。

表5-2　描述性统计

变量	观测值	均值	标准差	最小值	中位数	最大值
MA_EGW	2117	0.018	0.077	-0.102	-0.009	0.291
GINI	2117	0.654	0.234	0.128	0.662	1.000
SIZE	2117	21.964	1.029	19.813	21.839	25.440
LEV	2117	0.404	0.176	0.066	0.399	0.868
GROWTH	2117	0.285	0.427	-0.591	0.199	3.240
PPE	2117	0.199	0.132	0.004	0.176	0.648
CFV	2117	0.041	0.030	0.004	0.032	0.185
DFL	2117	0.457	0.117	0.000	0.387	0.707
DHR	2117	0.160	0.196	0.000	0.040	0.673
IDR	2117	0.375	0.054	0.250	0.333	0.667
DEAL	2117	0.171	0.416	0.000	0.049	4.582
PAYT	2117	0.687	0.464	0.000	1.000	1.000
REL	2117	0.361	0.480	0.000	0.000	1.000

二、相关性分析

对主要变量进行Pearson相关性分析结果如表5-3所示。GINI

表 5-3 主要变量相关性分析

变量	MA_EGW	GINI	SIZE	LEV	GROWTH	PPE	CFV	DFL	DHR	IDR	DEAL	PAYT	REL
MA_EGW	1												
GINI	-0.059***	1											
SIZE	-0.012	-0.016	1										
LEV	-0.131***	0.055**	0.513***	1									
GROWTH	0.196***	0.023	0.070***	0.058***	1								
PPE	-0.214***	0.001	0.041*	0.065***	-0.121***	1							
CFV	-0.074***	0.070***	-0.013	0.135***	0.082***	-0.072***	1						
DFL	0.074***	0.023	-0.175***	-0.069***	0.017	-0.054**	0.027	1					
DHR	0.082***	0.034	-0.354***	-0.254***	0.076***	-0.171***	-0.064***	0.188***	1				
IDR	0.008	0.020	-0.060***	-0.012	0.026	-0.069***	0.089***	0.161***	0.062***	1			
DEAL	-0.056**	0.048**	-0.185***	-0.092***	-0.040*	0.017	0.039*	0.007	-0.015	0.000	1		
PAYT	-0.076***	-0.006	-0.014	0.019	-0.067***	0.007	0.038*	0.039*	0.035	0.026	-0.410***	1	
REL	-0.065***	0.004	0.153***	0.149***	0.027	0.135***	0.016***	-0.116***	-0.249**	-0.050**	0.269***	-0.357***	1

注：*、**、*** 分别表示 10%、5% 和 1% 的显著性水平。

与并购高溢价的系数在1%水平上显著为正，说明在不考虑其他控制因素的情况下，变量之间呈显著的负相关关系，即当企业的董事会非正式层级结构越清晰时，企业并购定价中的不合理溢价部分越低，该结果与本章的主要理论假设相符合。为进一步研究董事会非正式层级对企业并购定价的影响，还需要后续控制其他因素，设定多元回归模型，进行更加深入翔实的研究与分析。此外，其他变量的相关系数均在0.6以下，因此，通过相关性分析结果可以判定模型中涉及的变量不存在严重的多重共线性。

三、回归结果与分析

表5-4报告了董事会非正式层级对企业并购定价影响的实证结果。在第（1）列中，以超额商誉（MA_EGW）作为并购“高溢价”的衡量指标，不加入任何控制变量，仅控制行业和年度固定效应，董事会非正式层级（GINI）的系数为-0.019，在1%水平上显著为负，初步说明，清晰的董事会非正式层级结构有助于在并购定价阶段合理评估并购目标的价值，负向影响企业并购“高溢价”，抑制并购商誉泡沫的产生。

在第（2）列中，加入公司层面控制变量后，GINI的系数为-0.016，在5%水平上显著为负，进一步说明董事会非正式层级与企业并购“高溢价”负相关。在第（3）列中，进一步加入并购交易层面控制变量后，GINI的系数为-0.015，仍在5%水平上显著为负，充分说明董事会非正式层级能够促进企业并购交易中的合理定价，抑制不合理的溢价成分，抑制并购商誉泡沫的形成。

表 5-4　　董事会非正式层级与并购高溢价回归结果

变量	(1)	(2)	(3)
	MA_EGW	MA_EGW	MA_EGW
GINI	-0.019***	-0.016**	-0.015**
	(-2.687)	(-2.398)	(-2.215)
SIZE		0.004**	0.003
		(2.084)	(1.324)
LEV		-0.062***	-0.059***
		(-5.443)	(-5.194)
GROWTH		0.033***	0.031***
		(8.590)	(8.229)
PPE		-0.133***	-0.133***
		(-9.451)	(-9.408)
CFV		-0.175***	-0.156***
		(-3.174)	(-2.844)
DFL		0.040***	0.039***
		(2.862)	(2.781)
DHR		0.002	-0.002
		(0.213)	(-0.200)
IDR		-0.019	-0.017
		(-0.627)	(-0.575)
DEAL			-0.016***
			(-3.654)
PAYT			-0.018***
			(-4.343)
REL			-0.007*
			(-1.831)

续表

变量	(1)	(2)	(3)
	MA_EGW	MA_EGW	MA_EGW
IND	YES	YES	YES
YEAR	YES	YES	YES
_cons	-0.002	-0.049	-0.002
	(-0.099)	(-1.001)	(-0.039)
N	2117	2117	2117
Adj R^2	0.015	0.117	0.126

注：*、**、*** 分别表示 10%、5% 和 1% 的显著性水平；括号内为 T 值。

四、稳健性检验

（一）倾向得分匹配法

为控制潜在内生性问题，采用倾向得分匹配法（PSM）进行稳健性检验。首先，借鉴何瑛和马添翼（2021）的研究方法，以分行业分年度计算出来的董事会非正式层级（GINI）中位数为标准，分为董事会非正式层级清晰度高（处理组）和非正式层级清晰度低（控制组）组，采用 1∶1 无放回的最近邻匹配方法进行匹配后的样本进行回归分析。本章选取公司规模、资产负债率、企业成长性、固定资产比例、经营现金流波动性、董事会正式权力层级、董事会持股比例、独立董事占比、并购交易规模、并购支付方式、关联交易以及年度、行业进行一对一无放回匹配，匹配卡尺设置为 0.01，匹配结果如表 5－5 所示。

表 5 - 5　　PSM 匹配前后样本特征

变量	样本	均值		T 值	P 值
		处理组	控制组		
SIZE	匹配前	21.866	21.989	-2.84	0.005
	匹配后	21.870	21.880	-0.25	0.802
LEV	匹配前	0.400	0.398	0.31	0.758
	匹配后	0.400	0.402	-0.21	0.837
GROWTH	匹配前	0.302	0.265	2.05	0.041
	匹配后	0.302	0.298	0.24	0.810
PPE	匹配前	0.195	0.198	-0.47	0.639
	匹配后	0.194	0.191	0.58	0.56
CFV	匹配前	0.043	0.038	3.61	0.000
	匹配后	0.043	0.041	0.95	0.343
DFL	匹配前	0.460	0.458	0.40	0.688
	匹配后	0.460	0.464	-0.87	0.384
DHR	匹配前	0.180	0.157	2.63	0.009
	匹配后	0.181	0.192	-1.32	0.188
IDR	匹配前	0.379	0.374	2.08	0.038
	匹配后	0.379	0.379	-0.07	0.943
DEAL	匹配前	0.229	0.162	2.58	0.010
	匹配后	0.180	0.191	-0.58	0.563
PAYT	匹配前	0.679	0.685	-0.30	0.763
	匹配后	0.683	0.678	0.27	0.790
REL	匹配前	0.351	0.362	-0.54	0.588
	匹配后	0.346	0.336	0.52	0.601

用匹配后的样本进行回归后，实证结果如表 5 - 6 第（1）列和第（2）列所示。在第（1）列中未加入任何控制变量，仅考虑行业和年度固定效应，董事会非正式层级（GINI）的系数为 -0.036，在 1% 水平上显著为负；在第（2）列中加入其他控制变

量后，董事会非正式层级（GINI）的系数为 -0.028，在 1% 水平上显著为负。该回归结果说明利用 PSM 方法进行稳健性检验后仍然支持董事会非正式层级显著降低企业并购定价中的不合理溢价的研究结论，为本章提供了进一步经验证据，研究结论具有稳健性。

（二）Heckman 两阶段

为缓解可能存在的内生性问题，还采用 Heckman 两阶段模型进行稳健性检验。借鉴现有研究方法，选取除去本公司董事会非正式层级的行业均值（GINI_M）作为工具变量。第一阶段，以董事会非正式层级（GINI）为被解释变量，以工具变量 GINI_M 为解释变量进行回归，并计算出逆米尔斯比率（Inverse Mills Ratio, IMR）；在第二阶段中，将 IMR 作为新增控制变量加入模型中进行回归。第一阶段回归结果如表 5-6 第（3）列所示，GINI_M 的系数在 1% 的水平上显著为正；第二阶段回归结果如表 5-6 第（4）列所示，GINI 的系数为 -0.015 且在 5% 水平上显著，回归结果依然支持本章结论。

表 5-6　　PSM 与 Heckman 两阶段检验结果

变量	PSM		Heckman 两阶段	
	(1)	(2)	(3)	(4)
	MA_EGW	MA_EGW	GINI	MA_EGW
GINI	-0.036***	-0.028***		-0.015**
	(-3.709)	(-3.089)		(-2.208)
GINI_M			0.692***	
			(8.032)	
SIZE		0.004	-0.016***	0.003
		(1.296)	(-3.560)	(1.236)
LEV		-0.056***	0.040	-0.059***
		(-3.621)	(1.596)	(-5.133)

续表

变量	PSM		Heckman 两阶段	
	(1)	(2)	(3)	(4)
	MA_EGW	MA_EGW	GINI	MA_EGW
GROWTH		0.035***	0.013	0.031***
		(6.142)	(1.491)	(8.074)
PPE		-0.149***	-0.001	-0.132***
		(-7.359)	(-0.037)	(-9.402)
CFV		-0.127*	0.263**	-0.157***
		(-1.689)	(2.170)	(-2.786)
DFL		0.029	0.014	0.039***
		(1.475)	(0.438)	(2.774)
DHR		-0.009	0.051**	-0.002
		(-0.703)	(2.469)	(-0.214)
IDR		-0.005	0.067	-0.017
		(-0.131)	(1.020)	(-0.580)
DEAL		-0.017***	0.001	-0.016***
		(-3.180)	(0.055)	(-3.654)
PAYT		-0.025***	0.001	-0.018***
		(-4.442)	(0.129)	(-4.342)
REL		-0.007	0.015*	-0.007*
		(-1.303)	(1.707)	(-1.808)
IMR				-0.009
				(-0.080)
IND	YES	YES	YES	YES
YEAR	YES	YES	YES	YES
_cons	-0.005	-0.007	0.559***	0.001
	(-0.135)	(-0.103)	(4.445)	(0.010)
N	1091	1091	2359	2117
Pseudo/Adj R^2	0.013	0.135	0.046	0.126

注：*、**、***分别表示10%、5%和1%的显著性水平；括号内为T值。

（三）更换代理变量

为进一步强化本章结论的可靠性，重新测度本章的主要变量进行检验。

第一，更换并购“高溢价”的计量方式进行重复检验。（1）采用经行业中位数进行调整的商誉来计算超额商誉（MA_EGW1）。首先，利用企业总资产将企业商誉净额进行标准化；其次，分年度计算行业标准化商誉净额的中位数；最后，用企业标准化的商誉净额减去所处行业的标准化商誉净额中位数得到超额商誉。（2）用企业标准化的商誉净额减去所处行业的标准化商誉净额均值得到超额商誉（MA_EGW2）。将 MA_EGW1 和 MA_EGW2 代入模型中进行重复检验的结果如表 5 -7 第（1）列至第（4）列所示。董事会非正式层级的系数均显著为负。进一步验证了本章的主要结论。

第二，仅使用董事成员在外兼职董事数量计算董事会非正式层级进行重复检验。借鉴 He 和 Huang（2011）的非正式层级衡量方式，仅使用董事成员在外兼职董事数量来衡量董事的声望和影响力。使用重新计算的董事会非正式层级（GINI_Q）变量代入模型（5 -1）中进行多元回归的结果如表 5 -7 第（5）列所示，GINI_Q 的系数在 1% 水平上显著为负，数据结果进一步支持了本章的主要结论。

表 5 -7　　更换代理变量的稳健性回归结果

变量	(1)	(2)	(3)	(4)	(5)	(6)
	MA_EGW1	MA_EGW1	MA_EGW2	MA_EGW2	MA_EGW	MA_EGW
GINI	-0.019***	-0.016**	-0.018**	-0.015**		-0.013*
	(-2.675)	(-2.464)	(-2.523)	(-2.297)		(-1.916)
GINI_Q					-0.018***	
					(-2.678)	

续表

变量	(1)	(2)	(3)	(4)	(5)	(6)
	MA_EGW1	MA_EGW1	MA_EGW2	MA_EGW2	MA_EGW	MA_EGW
SIZE		0.005 **		0.005 ***	0.003	0.006 ***
		(2.561)		(2.756)	(1.319)	(3.088)
LEV		-0.057 ***		-0.058 ***	-0.061 ***	-0.075 ***
		(-5.117)		(-5.265)	(-5.210)	(-6.308)
GROWTH		0.038 ***		0.038 ***	0.031 ***	0.033 ***
		(9.961)		(9.960)	(8.026)	(8.532)
PPE		-0.141 ***		-0.123 ***	-0.134 ***	-0.129 ***
		(-10.157)		(-8.998)	(-9.270)	(-9.131)
CFV		-0.161 ***		-0.141 ***	-0.147 ***	-0.172 ***
		(-2.980)		(-2.648)	(-2.589)	(-3.138)
DFL		0.053 ***		0.051 ***	0.033 **	0.034 **
		(3.827)		(3.735)	(2.304)	(2.438)
DHR		0.028 ***		0.025 ***	-0.001	-0.012
		(3.139)		(2.776)	(-0.105)	(-1.225)
IDR		-0.015		-0.025	-0.018	-0.035
		(-0.516)		(-0.874)	(-0.573)	(-1.189)
DEAL		-0.009 **		-0.009 **	-0.018 ***	-0.015 ***
		(-1.994)		(-2.159)	(-3.860)	(-3.461)
PAYT		-0.019 ***		-0.017 ***	-0.019 ***	-0.017 ***
		(-4.668)		(-4.208)	(-4.622)	(-4.290)
REL		-0.008 **		-0.006 *	-0.008 **	-0.006
		(-2.121)		(-1.731)	(-2.040)	(-1.624)
ROA						-0.189 ***
						(-5.106)
SOE						-0.024 ***
						(-5.316)
IND	YES	YES	YES	YES	YES	YES

续表

变量	(1)	(2)	(3)	(4)	(5)	(6)
	MA_EGW1	MA_EGW1	MA_EGW2	MA_EGW2	MA_EGW	MA_EGW
YEAR	YES	YES	YES	YES	YES	YES
_cons	0.002	-0.055	0.009	-0.057	0.005	-0.049
	(0.113)	(-1.126)	(0.415)	(-1.188)	(0.095)	(-0.974)
N	2103	2103	2107	2107	1993	2063
Adj R^2	0.077	0.214	0.010	0.141	0.128	0.150

注：*、**、*** 分别表示 10%、5% 和 1% 的显著性水平；括号内为 T 值。

（四）可能存在的遗漏变量问题

增加控制变量进行重新回归来进一步强化本章结论的可靠性。与并购决策相似，并购定价同样可能会受到主并方盈利能力以及企业性质的影响。当企业盈利能力较强时，由于企业资金充裕可能会支付更多的并购溢价。与民营企业相比，国有企业在进行并购时更易受到政府意愿的影响以及政策的影响，这些影响同样会延续并体现到企业并购定价中；与国有企业相比，民营企业的并购活动更加市场化，故而其并购定价也更加市场化。基于上述分析，进一步控制企业盈利能力（ROA）以及产权性质（SOE），回归结果如表5-7第（6）列所示，GINI的系数仍然显著为负，这为本章的主要结论提供了进一步的经验证据。

五、进一步分析

（一）机制检验

1. 管理层过度自信

认知心理学认为过度自信是非理性决策者在进行决策时存在

的一种认知偏差，表现为对自己能力的高估和对风险的低估（Nofsinger，2005）。前景理论认为当未来存在不确定性时，决策主体作出的决策会因存在过度自信、风险偏好等产生非理性偏差，导致决策主体的非理性选择。企业并购作为一项复杂战略，是一项风险较高的投资活动，在并购前期准备、定价交易和并购后期整合等各个阶段均存在很强的未知性，尤其是并购定价决策蕴含较大不确定性，溢价水平波动较大（陈仕华和卢昌崇，2013）。因此，在不确定条件下，过度自信的管理者因为对自身能力的高估、并购预期收益的高估和对未来并购风险的低估等多方面原因而容易支付非理性溢价，从而产生不合理的高溢价。董事会非正式层级的结构越清晰，越便于有效信息传递和带来更强的独立性从而增强了董事会监督能力和监督意愿，因此对管理者责任的监督效应越强，能够缓解管理者在并购定价中的过度自信行为，从而降低并购不合理高溢价。因此，本章认为董事会非正式层级能够通过降低管理者过度自信来降低企业并购不合理溢价，管理者过度自信将发挥中介作用，存在管理者过度自信的中介机制。

为验证上述影响机制，借鉴温忠麟等（2004）的研究方法，设定中介效应模型，验证董事会非正式层级影响企业并购定价的管理者过度自信作用机制：

$$MA\_EGW_{i,t} = \alpha_0 + \alpha_1 GINI_{i,t} + \sum Controls + \sum Year + \sum Ind + \varepsilon_{i,t}$$

模型（5-2）

$$OVER\_CON_{i,t} = \eta_0 + \eta_1 GINI_{i,t} + \sum Controls + \sum Year + \sum Ind + \varepsilon_{i,t}$$

模型（5-3）

$$MA\_EGW_{i,t} = \lambda_0 + \lambda_1 GINI_{i,t} + \lambda_2 OVER\_CON_{i,t} + \sum Controls + \sum Year + \sum Ind + \varepsilon_{i,t} \quad \text{模型 (5-4)}$$

其中，OVER_CON 表示管理层过度自信，借鉴现有文献的研究方法，选取前三名高管薪酬占比作为管理层过度自信的代理变量。

对上述一组模型进行回归的结果如表 5-8 所示。以并购不合理溢价（MA_EGW）为被解释变量，以管理层过度自信（OVER_CON）为中介变量，以董事会非正式层级 GINI 为解释变量进行中介效应检验。第（1）列是对并购高溢价的影响，GINI 的系数为 -0.015，且在 5% 水平上显著，表明董事会非正式层级显著降低了企业并购定价中的非合理溢价部分。在第（2）列中，以管理层过度自信（OVER_CON）为被解释变量，GINI 的系数为 -0.016，且通过了 10% 的显著性检验，表明董事会非正式层级降低了管理层过度自信。在第（3）列中，当加入管理层过度自信（OVER_CON）变量进行回归时，GINI 的系数由 -0.015 变为 -0.014，且 T 值也有所下降，管理层过度自信（OVER_CON）的系数为 0.029，在 10% 水平上显著为正，说明管理层过度自信能够增加不合理并购溢价，导致企业并购商誉泡沫的产生，而董事会非正式层级（GINI）对并购高溢价的解释力度在加入管理层过度自信后有所下降。

该结果表明，董事会非正式层级通过降低管理层过度自信而显著降低企业并购“高溢价”，管理层过度自信（OVER_CON）发挥了部分中介作用，董事会非正式层级影响企业并购“高溢价”的管理者过度自信的中介机制得以验证，同时也进一步验证了董事会非正式层级在企业并购中发挥的管理者责任监督效应。

表 5-8　　管理层过度自信机制检验结果

变量	(1)	(2)	(3)
	MA_EGW	OVER_CON	MA_EGW
GINI	-0.015**	-0.016*	-0.014**
	(-2.140)	(-1.650)	(-2.071)
OVER_CON			0.029*
			(1.887)
SIZE	0.003	-0.006*	0.003
	(1.427)	(-1.954)	(1.508)
LEV	-0.059***	-0.030*	-0.058***
	(-5.197)	(-1.858)	(-5.118)
GROWTH	0.031***	0.000	0.031***
	(8.075)	(0.041)	(8.078)
PPE	-0.133***	-0.007	-0.132***
	(-9.336)	(-0.338)	(-9.327)
CFV	-0.153***	0.345***	-0.163***
	(-2.767)	(4.385)	(-2.938)
DFL	0.040***	0.029	0.039***
	(2.805)	(1.460)	(2.745)
DHR	-0.002	-0.053***	-0.001
	(-0.251)	(-4.046)	(-0.082)
IDR	-0.014	0.172***	-0.019
	(-0.469)	(4.006)	(-0.634)
DEAL	-0.016***	0.019***	-0.016***
	(-3.640)	(3.049)	(-3.761)
PAYT	-0.018***	0.010*	-0.018***
	(-4.397)	(1.701)	(-4.467)
REL	-0.007*	-0.000	-0.007*
	(-1.904)	(-0.029)	(-1.904)
IND	YES	YES	YES

续表

变量	(1)	(2)	(3)
	MA_EGW	OVER_CON	MA_EGW
YEAR	YES	YES	YES
_cons	-0.012	0.511 ***	-0.027
	(-0.246)	(7.084)	(-0.535)
N	2090	2090	2090
Adj R^2	0.127	0.076	0.128

注：*、**、*** 分别表示10%、5%和1%的显著性水平；括号内为T值。

2. 并购双方信息不对称

基于信息不对称理论，并购双方之间的信息不对称是导致收购方付出高溢价的重要原因。在并购交易过程中，被收购方具有信息优势，隐藏与自己不利的信息，披露对自己有利的信息，从收购方获得高于自身真实价值的对价支付（Dhaliwal 等，2016）。要想制定出合理的并购定价，必须及时准确地获取有关并购标的真实信息，否则将会错误地评估并购标的价值，导致定价过高，从而支付更多的不合理高溢价。清晰的董事会非正式层级能够增强董事会对并购定价信息的获取能力，提高董事会的信息沟通效率，降低并购双方之间的信息不对称程度，从而取得并购定价谈判优势，以此来抑制不合理并购溢价。因此，本章认为缓解并购双方之间的信息不对称是董事会非正式层级影响企业并购不合理溢价的作用机制。

为验证上述影响机制，加入交乘项设定模型，验证董事会非正式层级影响企业并购定价的作用机制：

$$MA\_EGW_{i,t} = \alpha_0 + \alpha_1 GINI_{i,t} + \alpha_2 (GINI_{i,t} \times MA\_ASY_{i,t}) + \alpha_3 MA\_ASY_{i,t} + \sum Controls + \sum Year + \sum Ind + \varepsilon_{i,t} \quad \text{模型（5-5）}$$

其中，MA_ASY 表示并购信息不对称程度，借鉴现有文献的研究方法（周菊和陈欣，2019），用并购交易的相对规模来衡量，该指标的计算公式为：并购交易相对规模 = 并购交易金额/（并购交易金额 + 并购方并购前一年末的总规模）。相对交易规模越大，企业并购的信息不对称程度越高。此外，在上述模型中，由于并购相对规模与控制变量并购规模容易产生多重共线性，因此在该模型中不再将并购规模作为控制变量，其他控制变量与模型（5－1）保持一致。

对模型（5－5）的回归结果如表 5－9 所示。第（1）列是未加入控制变量，仅控制行业和年度固定效应的回归结果，第（2）列是加入公司层面控制变量的回归结果，第（3）列是进一步加入并购特征控制变量的回归结果。在该回归结果中，重点关注交乘项（GINI × MA_ASY）的回归系数与显著性，可以发现在第（1）列至第（3）列中该交乘项的回归系数均在 5% 水平上显著为负，说明信息不对称程度越高，董事会非正式层级对并购不合理溢价的降低作用越强。

此外，在第（1）列至第（3）列中并购信息不对称（MA_ASY）的系数均在 1% 水平上显著为正，表明并购信息不对称程度越高，则并购不合理溢价越高，该结果证明并购双方之间的信息不对称程度是导致并购高溢价的主要因素之一，并购双方之间的信息不对称能够很好地解释并购“高溢价”问题。综合上述结果可以得出以下结论：董事会非正式层级能够缓解并购双方之间的信息不对称程度，从而降低并购不合理溢价。该结果也同时为董事会非正式层级在并购中发挥信息与资源整合效应提供了数据支持。

表 5-9　　并购双方信息不对称机制检验结果

变量	(1)	(2)	(3)
	MA_EGW	MA_EGW	MA_EGW
GINI × MA_ASY	-0.098**	-0.085**	-0.084**
	(-2.224)	(-2.033)	(-2.007)
MA_ASY	0.134***	0.114***	0.133***
	(4.239)	(3.796)	(4.240)
GINI	-0.009	-0.008	-0.008
	(-1.031)	(-0.896)	(-0.962)
SIZE		0.006***	0.007***
		(2.981)	(3.346)
LEV		-0.063***	-0.061***
		(-5.444)	(-5.279)
GROWTH		0.030***	0.030***
		(7.783)	(7.829)
PPE		-0.133***	-0.128***
		(-9.347)	(-8.970)
CFV		-0.192***	-0.198***
		(-3.458)	(-3.567)
DFL		0.042***	0.038***
		(2.954)	(2.710)
DHR		0.004	-0.001
		(0.471)	(-0.088)
IDR		-0.016	-0.017
		(-0.526)	(-0.568)
PAYT			0.002
			(0.518)
REL			-0.013***
			(-3.509)

续表

变量	(1)	(2)	(3)
	MA_EGW	MA_EGW	MA_EGW
IND	YES	YES	YES
YEAR	YES	YES	YES
_cons	-0.013	-0.097*	-0.113**
	(-0.626)	(-1.958)	(-2.234)
N	2084	2084	2084
Adj R^2	0.035	0.132	0.137

注：*、**、*** 分别表示 10%、5% 和 1% 的显著性水平；括号内为 T 值。

（二）异质性分析

1. 产权性质

鉴于资源基础不同、社会责任不同，在民营企业和国有企业中董事会非正式层级对企业并购定价的作用效果会表现出差异。相比于国有企业，一方面，民营企业能够获得的政府支持是有限的，依靠董事成员社会资本获取信息与资源成为一条重要途径，因此在民营企业中，声望高的董事成员更受到重视；另一方面，民营企业几乎不会受到行政任命的干预，选聘董事的自主权和话语权比国有企业高，因此更倾向于塑造一支决策有效的董事团队。现有研究也认为，在民营上市公司，董事会中有着更加显著的地位层级（谢永珍等，2017），那些具有更强社会资本、更具资源优势和更有能力的董事易获得重要的职务，使其能力得以发挥（Krause 等，2016）。国有企业并购活动一定程度上是体制背景下价值转移和价值再分配的工具（张新，2003），即多为实际控制权股东主导的“政策干预型并购”，董事会非正式层级难以有效发挥作用。因此，本章认为相比于国有企业，在民营企业中董事会非正式层级对企业并购定价的影响更加明显。

为检验在不同产权性质下，董事会非正式层级对企业并购定价的影响差异，按照是否为国有企业为标准，划分为两个子样本，分别代入模型（5－1）中进行回归，结果如表5－10所示。国有企业样本回归结果列示于第（1）列中，非国有企业样本回归结果列示于第（2）列中。

表5－10　　产权性质异质性检验结果

变量	国有企业	非国有企业
	(1)	(2)
	MA_EGW	MA_EGW
GINI	0.005	−0.017**
	(0.495)	(−2.022)
SIZE	0.001	0.006**
	(0.276)	(2.033)
LEV	−0.046***	−0.057***
	(−3.253)	(−3.972)
CROWTH	0.004	0.036***
	(0.866)	(7.661)
PPE	−0.047***	−0.161***
	(−2.955)	(−8.495)
CFV	−0.000	−0.204***
	(−0.004)	(−3.029)
DFL	−0.021	0.034**
	(−0.736)	(2.156)
DHR	0.426***	−0.018*
	(4.687)	(−1.766)
IDR	−0.026	−0.028
	(−0.579)	(−0.778)

续表

变量	国有企业	非国有企业
	(1)	(2)
	MA_EGW	MA_EGW
DEAL	-0.016***	-0.017***
	(-3.398)	(-2.878)
PAYT	-0.001	-0.024***
	(-0.216)	(-4.692)
REL	-0.008*	-0.005
	(-1.705)	(-0.974)
IND	YES	YES
YEAR	YES	YES
_cons	0.058	-0.078
	(1.025)	(-1.140)
N	479	1584
Adj R^2	0.189	0.142

注：*、**、*** 分别表示10%、5%和1%的显著性水平；括号内为T值。

在国有企业样本组中，董事会非正式层级对企业并购不合理溢价的回归系数不显著；在非国有企业的样本组中，董事会非正式层级对企业并购不合理溢价的回归系数分别为-0.017，且在5%水平上显著。该分组回归结果说明，当企业产权性质为国有企业时，非正式层级对不合理高溢价的抑制作用被削弱，当企业产权性质为非国有企业时，董事会非正式层级对不合理高溢价的抑制作用更加明显。

2. CEO非正式层级位置

CEO是企业管理者最高职位，董事会非正式层级对并购高溢价的作用同样会受到CEO所在层级的影响。当CEO位居董事会非正式层级最高位置时，CEO 很可能会从自身利益出发干预董事会决策，董事会被 CEO 为代表的管理层所“俘获”，代理问题严重，此时董事会很难有效发挥治理作用，董事会非正式层级对并购定价的影响效应会受到明显限制。进一步地，CEO 处在非正式层级最高位时，代表着 CEO 在董事会中具有最高的地位和权威，能够在很大程度上通过非正式制度干预董事会决策，非正式层级的关系治理很难发挥有效作用，影响董事会对 CEO 监督职能的发挥，非正式层级对并购高溢价的影响效应被削弱。相反地，当 CEO 没有处于非正式层级的最高位时，董事会非正式层级可以正常发挥作用，从而对管理层作出更好监督，抑制管理层在并购定价上的代理问题，从而降低并购不合理溢价水平。因此，本章认为 CEO 处于董事会非正式层级最高位时，董事会非正式层级对并购不合理溢价的影响效应减弱。

为对以上理论分析进行验证，本章将样本按照 CEO 是否处于董事会非正式层级的最高层（CEO_R）分为两个子样本，当 CEO 位于董事会非正式层级最高位时，CEO_R 取值为 1，当董事会非正式层级最高位的成员并非 CEO 时，CEO_R 取值为 0。将两个子样本分别代入模型（5 - 1）中进行回归，结果如表 5 - 11 所示。CEO 位于非正式层级最高位（CEO_R = 1）的子样本回归结果列示于第（1）列中，CEO 未处于非正式层级最高位（CEO_R = 0）的子样本回归结果列示于第（2）列中。

在 CEO 位于董事会非正式层级最高位的样本组中，董事会非正式层级对企业并购“高溢价”的回归系数为 -0.012，但回归系数并不显著；在非 CEO 位于董事会非正式层级最高位的样本组中，董事会非正式层级对企业并购“高溢价”的回归系数为 -0.028，在5%水平上显著为负。该分组回归结果说明，当CEO位于董事会非正式层级最高位时，董事会非正式层级并未起到对不合理高溢价的抑制作用，只有当非CEO成员占据董事会非正式层级最高位时，董事会非正式层级才能够显著降低企业并购不合理溢价。

表5-11　　CEO非正式层级位置的异质性检验结果

变量	CEO_R = 1	CEO_R = 0
	(1)	(2)
	MA_EGW	MA_EGW
GINI	-0.012	-0.028*
	(-1.592)	(-1.802)
SIZE	0.002	0.005
	(0.834)	(1.137)
LEV	-0.065***	-0.045*
	(-4.912)	(-1.956)
GROWTH	0.034***	0.017*
	(7.720)	(1.852)
PPE	-0.121***	-0.164***
	(-7.358)	(-5.492)
CFV	-0.156**	-0.143
	(-2.399)	(-1.308)
DFL	0.028	0.076***
	(1.586)	(3.162)
DHR	-0.000	-0.002
	(-0.018)	(-0.091)
IDR	-0.010	-0.001
	(-0.278)	(-0.020)
DEAL	-0.016***	-0.016**
	(-2.958)	(-2.179)

续表

变量	CEO_R = 1	CEO_R = 0
	(1)	(2)
	MA_EGW	MA_EGW
PAYT	-0.017***	-0.024***
	(-3.473)	(-2.951)
REL	-0.007*	-0.007
	(-1.675)	(-0.877)
IND	YES	YES
YEAR	YES	YES
_cons	0.021	-0.074
	(0.340)	(-0.737)
N	1608	482
Adj R^2	0.118	0.156

注：*、**、*** 分别表示 10%、5% 和 1% 的显著性水平；括号内为 T 值。

（三）董事会正式权力层级、非正式层级与并购定价

董事会正式权力层级可能会带来更多的并购溢价。董事会正式权力层级是基于制度权力所形成的层级次序，而非正式层级是基于尊重与信任建立起来的秩序层级，二者对企业并购“高溢价”的影响可能会存在差异。基于委托代理理论，在并购中明显的正式权力层级即权力过于集中将会降低董事会的治理效能，从而导致支付过高的并购溢价。一方面，掌握权力的董事成员如董事长和 CEO 等，由于在并购决策中存在私利动机，并购成功能够为其带来更多的直接薪酬、在职消费以及更多的权力，为推动并购进程、顺利完成并购，避免并购交易失败，从而支付更多的溢价；另一方面，集权更容易产生独断专行，抑制具有建设性的提议，不利于为并购交易制定合理价格。因此，董事会正式权力层级可能会导致企业并购

“高溢价”问题的产生。

为对此进行检验，以董事会权力结构变异系数作为董事会正式权力层级（DFL）的代理变量进行回归的结果如表 5 – 12 第（1）列所示。DFL 的系数为 0. 039，且在 1% 水平上显著，该结果表示董事会正式权力层级越明显，并购“高溢价”越明显。第（2）列是以董事会非正式层级（GINI）为解释变量，控制变量中不包含董事会正式权力层级的回归结果，可以发现非正式层级越清晰，“高溢价”得到明显抑制。因此，董事会正式权力层级、非正式层级对企业并购“高溢价”的影响存在差异。

表 5 – 12　董事会正式权力层级、非正式层级与并购定价

变量	(1)	(2)
	MA_EGW	MA_EGW
DFL	0. 039***	
	(2. 744)	
GINI		–0. 015**
		(–2. 168)
SIZE	0. 003	0. 002
	(1. 387)	(1. 032)
LEV	–0. 060***	–0. 057***
	(–5. 295)	(–5. 076)
GROWTH	0. 031***	0. 032***
	(8. 176)	(8. 263)
PPE	–0. 133***	–0. 133***
	(–9. 473)	(–9. 456)
CFV	–0. 162***	–0. 154***
	(–2. 952)	(–2. 798)

续表

变量	(1)	(2)
	MA_EGW	MA_EGW
DHR	-0.003	0.001
	(-0.292)	(0.097)
IDR	-0.018	-0.006
	(-0.597)	(-0.193)
DEAL	-0.016***	-0.016***
	(-3.766)	(-3.646)
PAYT	-0.018***	-0.018***
	(-4.380)	(-4.337)
REL	-0.007*	-0.008**
	(-1.825)	(-2.006)
IND	YES	YES
YEAR	YES	YES
_cons	-0.014	0.022
	(-0.285)	(0.445)
N	2117	2117
Adj R^2	0.126	0.123

注：*、**、*** 分别表示 10%、5% 和 1% 的显著性水平；括号内为 T 值。

（四）独立董事非正式层级与企业并购定价

独立董事非正式层级对企业并购定价的影响在于是否能够促进独立董事团队在并购定价阶段有效发挥咨询和监督职能。从咨询职能角度，一是独立董事的经验和知识能够帮助企业在并购中准确地对并购标的进行估值，非正式层级的存在能够将这些经验和知识进行有效整合，提高团队效率，从而在其他条件相同的情况下降低并购不合理溢价；二是位于高层级的独立董事受到声誉机制的影响，会在并购谈判阶段发挥其议价能力，降低并购不合理溢价。从监督职能角度，独立董事团队缺乏正式权力等级，其非正式层级结构存在能够促进其建设性意见的交流，增强凝聚力从而加强其监督效应，从而能够抑制并购定价中存在的代理问题。因此，从理论上看，独立董事团队存在非正式层级结构时，能够抑制并购“高溢价”问题。

独立董事非正式层级与企业并购“高溢价”的回归结果如表5-13所示，GINI_ID的回归系数为0.002，未通过显著性检验，从实证结果来看，独立董事的非正式层级结构未能够对企业并购“高溢价”问题产生显著影响。原因可能在于，并购定价问题的复杂性和独立董事职能在并购定价中是否有效发挥的不确定导致的。

表5-13　　独立董事非正式层级与企业并购定价

变量	MA_EGW
GINI_ID	0.002
	(0.299)
SIZE	0.003
	(1.382)
LEV	-0.055***
	(-4.696)
GROWTH	0.032***
	(7.875)
PPE	-0.140***
	(-9.519)
CFV	-0.182***
	(-3.182)

续表

变量	MA_EGW
DFL	0. 037 **
	(2. 560)
DHR	-0. 002
	(-0. 196)
IDR	-0. 027
	(-0. 868)
DEAL	-0. 016 ***
	(-3. 415)
PAYT	-0. 016 ***
	(-3. 765)
REL	-0. 007 *
	(-1. 818)
IND	YES
YEAR	YES
_cons	-0. 009
	(-0. 174)
N	1948
Adj R^2	0. 124

注：*、**、*** 分别表示 10%、5% 和 1% 的显著性水平；括号内为 T 值。

本章小结

本章选取并购宣告日在 2008—2019 年，收购方为沪深 A 股上市公司的并购事件作为研究样本，实证研究了董事会非正式层级对企业并购定价的影响。现有相关研究多围绕高管薪酬与个人特征研究对并购溢价的影响，尚未就董事会内部运作机制、成员的动态交互视角展开研究。因此，本章系统考察了董事会非正式层级对企业并购定价的影响效应、作用路径与影响因素，如图 5－2 所示。

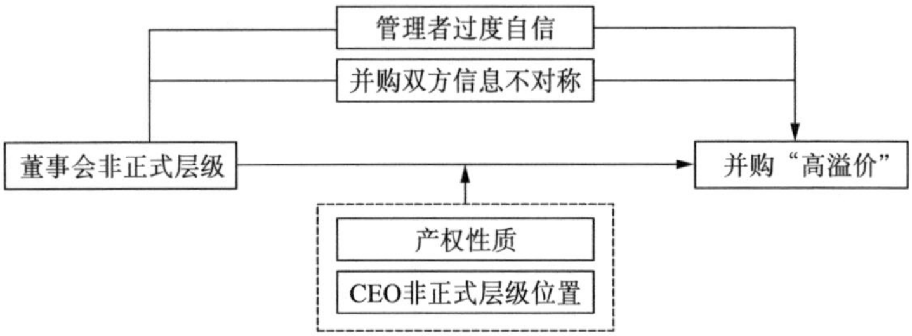

图 5－2　董事会非正式层级影响企业并购高溢价路径

具体来看，本章的研究得出以下结论：

（1）董事会非正式层级降低了不合理并购溢价，能够有效抑制并购“高溢价”问题。从并购高溢价的生成机理来看，主要是由并购双方信息不对称、管理者私利动机、管理者自负等原因导致的。董事会是公司治理的核心制度安排，是并购决策机构，基于关系契约理论，清晰的非正式层级由于嵌入关系规则能够强化董事会职能，在并购定价阶段发挥信息与资源整合效应与管理者责任监督效应，从而抑制并购双方信息不对称，降低管理者私利动机、管理者自负等来降低不合理并购溢价。

（2）清晰的董事会非正式层级通过降低并购双方信息不对称程度和管理者过度自信来抑制不合理并购溢价。从信息与资源提供效率角度，清晰的董事会非正式层级能够增强董事会对并购定价信息的获取能力，提高董事会的信息沟通效率，从而取得并购定价谈判优势，降低双方信息不对称，以此来抑制不合理并购溢价的产生；从管理者责任监督效应角度，由于非正式层级增强了董事会的监督能力和监督意愿，能够有效识别并监督由管理者自负特征带来的高溢价现象，从而降低不合理的并购溢价。

（3）在国有企业中，CEO 位于董事会非正式层级最高位置的企业中，董事会非正式层级对企业高溢价的影响效应被削弱。国有企业并购活动一定程度上是体制背景下价值转移和价值再分配的工具，即多为实际控制权股东主导的“政策干预型并购”，董事会非正式层级难以有效发挥作用；CEO 处在非正式层级最高位时，代表着 CEO 在董事会中具有最高的地位和权威，能够在很大程度上通过非正式制度干预董事会决策，非正式层级的关系治理很难发挥有效作用，影响董事会对 CEO 监督职能的发挥，非正式层级对并购高溢价的影响效应被削弱。

（4）董事会正式权力层级能够引起并购“高溢价”问题。基于委托代理理论，在并购中，明显的正式权力层级，即权力过于集中，将会降低董事会的治理效能，从而导致支付过高的并购溢价。此外，从实证结果来看，独立董事的非正式层级未能够对企业并购“高溢价”问题产生显著影响。

第六章

董事会非正式层级对企业并购绩效的影响研究

第一节 问题的提出

以获取并购协同价值为动机的企业并购是增强企业核心竞争力、实现跨越式发展的重要途径。但是，现有研究发现大部分的并购都是失败的，并未创造良好的并购绩效（Christofi 等，2017，逯东等，2019）。并购绩效究竟受到哪些因素的影响？这些因素又如何推动并购价值的实现？诸多学者对此进行了探讨。

从并购流程阶段来看，袁天荣和杨宝（2013）、袁天荣和杨宝（2014）的研究认为并购整合阶段是获取并购价值的关键阶段，并购能否最终取得成功也在于整合；Chen 等（2021）的研究也同样指出并购后的整合阶段是取得良好并购绩效的关键。从公司治理角度来看，国内外学者多从高管角度对并购绩效影响因素进行研究：一是基于委托代理理论研究高管或者 CEO“经济人”特性对企业并购价值的影响（Jensen 和 Meckling，1976），认为并购是高管或

CEO 追求自身声誉、权力、薪酬、寻租等私人利益而发起的自利性活动，损害了并购价值（李善民和毛雅娟等，2009；张洽，2013）；二是基于行为金融视域研究高管的非理性对并购价值的影响（Roll，1986），认为高管过度自信、非理性预期等会显著作用于企业并购绩效（姜付秀和张敏等，2009；潘爱玲和刘文楷等，2018）。

作为公司治理核心和战略决策机构，董事会是企业并购绩效获取能力的微观起源，在并购尽职调查、并购谈判与决策、并购整合与优化等并购流程中占据举足轻重的核心地位。现有研究认为，在其他企业具有更多兼任的董事的企业、具有董事联结关系的企业、具有投行独董的企业进行的并购活动取得了更好的并购价值（Masulis 和 Mobbs，2011；陈仕华等，2013；孙甲奎和肖星，2019）。然而，董事会内部的非正式结构是否能够对企业并购绩效产生影响？其作用机理是什么？哪些因素能够影响到其对并购绩效的作用程度？目前，尚未有文献对此深入研究。

基于上述背景，本章将立足企业并购后的价值实现阶段，重点研究董事会非正式层级对企业并购长期绩效的影响及机理。本章的研究发现，在非正式层级结构清晰的企业中取得了更高的并购绩效，这是由于董事会非正式层级在并购中通过发挥管理者责任监督效应从而缓解管理者的代理冲突，通过发挥信息与资源整合效应从而降低并购不确定性，降低并购风险，上述两条路径是董事会非正式层级影响企业绩效的作用机制。同时，本章还对影响因素进行了探讨，在国有企业中，董事会非正式层级对企业并购绩效的促进作用有所降低，且当董事长位于非正式层级最高位置时，董事会非正式层级对企业并购绩效的影响更加明显。本章基于董事会成员之间的动态交互视角展开研究，有利于从微观层面理解董事会结构特征对企业并购协同价值的影响，对提升并购效率、优化资源配置和促进经济高质量发展具有切实的学术研究与实践意义。

本章的边际贡献如下：（1）研究发现清晰的董事会非正式层级促进了企业并购协同价值实现，取得了更高的长期并购绩效，为并购绩效影响因素研究提供了新的证据。（2）厘清了董事会非正式层级影响企业并购绩效的作用机理。提出并验证董事会非正式层级通过降低管理层代理冲突和并购不确定性两条路径影响企业并购绩效，打开了非正式层级对并购长期绩效的作用“黑箱”。（3）基于并购流程视角对董事会非正式层级与企业并购绩效进行了系统化研究。结合并购决策、并购定价与并购整合等并购阶段，剖析并归纳出基于并购流程的董事会非正式层级作用于企业并购价值实现的“源头治理、事中控制和事后完善”的治理体系。

第二节　理论分析与假设提出

取得良好的并购绩效、促进企业价值增值是并购流程的最后一环，既是并购活动的最终目的，也是并购成功的最终体现。分析董事会非正式层级如何影响企业并购价值实现，可以从间接和直接影响两个角度展开。间接影响是从并购流程角度入手，分析非正式层级如何影响其他并购流程阶段（并购决策、并购定价）进而来间接影响并购价值实现；直接影响是董事会非正式层级如何直接影响并购绩效。接下来，将从这两个角度进行理论分析并提出假设。

（一）并购流程角度的间接路径分析

从并购流程角度来看，最初进行并购项目选择并作出并购决策、进行并购交易并支付并购对价到并购后的整合等均关系到长期并购绩效。因此，考察董事会非正式层级对企业并购长期绩效的影响并不能脱离并购流程而孤立地展开，须将并购各个阶段作为一个联系紧密的整体来进行系统化分析。

1. 源头治理

董事会非正式层级在并购项目选择阶段过滤掉了低效甚至无效的并购项目，提高了并购决策效率，这为后续实现并购绩效从源头上提供了保障。并购绩效较差的一个重要原因在于并购项目选择不恰当，如果收购方选择的并购项目与企业自身的战略不相匹配，那么在斥巨资收购后，并购整合风险加大、难度提升，很容易导致并购失败，最终只能进行大额商誉减值甚至无奈进行资产剥离。在并购项目选择阶段，信息不对称对并购标的真实情况了解甚少，管理者自利动机盲目发起并购等主客观原因，导致大量无效并购发生，并购决策效率普遍偏低，董事会非正式层级由于提高了董事会决策效率和管理者监督效力，能够在并购决策阶段更好地对并购项目作出评估，能够对管理者自利型并购进行更好的监督，从而使得企业并购决策更加审慎，降低了盲目并购的可能性，这将为后续实现并购价值提供良好的前期基础，从并购流程的最初环节保证了并购项目后续绩效的实现。

2. 事中控制

董事会非正式层级在并购定价阶段抑制了不合理的高溢价，节约了并购成本，为后续并购价值实现提供更多的资源支持。依据资源基础观，合理的并购溢价源于潜在并购协同价值，预期未来能够实现的协同价值越高，那么收购方为此支付一定溢价的意愿越强（Wernerfelt，2011）。然而，在现实中，存在并购溢价过高的问题，并购是否能够创造价值取决于多种因素，其中过度支付就是重要的原因之一，Rhodes－Kropf 等（2004）的研究指出收购方企业在并购交易中支付的溢价越高，则从企业并购中获取收益的难度越高，该研究结论为此提供了直接证据。并购绩效的取得还取决于并购双方整合效果，而后续并购整合需要大量的资源支持。高溢价并购将会带来资产的占用，并购溢价将会以商誉的形式体现在企业资产中，合理的商誉可能体现为并购协同价值预期，超额商誉则更可能体现为过度支付，形成商誉泡沫，造成资源浪费。因此，高溢价并购可能会严重损害收购方价值实现（Fu 等，2013）。清晰的非正式层级由于嵌入关系规则能够强化董事会职能，在并购定价阶段发挥信息与资源整合效应与管理者责任监督效应，从而抑制并购双方信息不对称，降低管理者私利动机、管理者自负等来降低高溢价，使得并购定价更加合理，避免了过度支付，从而降低并购成本，将更多的资源留在企业内部，为后续实现更好的并购整合取得良好并购绩效提供了更多的资源保障。

3. 事后完善

董事会非正式层级提高了企业并购整合能力，有利于更好实现并购绩效。理论上，并购绩效高低取决于前期阶段的并购决策和后期阶段的并购整合，于是可通过并购前的决策和并购后的整合这两条途径阐释董事会非正式层级如何作用于并购绩效。正如前述理论部分，董事会非正式层级通过发挥信息与资源整合效应和管理者监督效应，使得发起的并购项目更加优质，并支付了更低的并购溢价，从而在并购前期阶段为实现并购价值打下基础。并购整合是并购过程中非常重要而又复杂的关键环节，面临战略整合、文化整合、组织整合、人力资源整合、财务整合和业务流程整合等风险（袁天荣和杨宝，2014），据统计约有 50% 的并购案例因并购整合风险导致并购失败，而并购后的顺利整合对管理层的领导能力和努力程度提出了很高的要求（唐兵等，2012）。

清晰的非正式层级能够对企业并购整合产生正向影响，主要有以下原因：一是随着董事会非正式层级建立，董事会的凝聚力逐渐增强，能够在并购整合中发挥更强的领导能力，避免内部冲突和消耗，从而有利于对并购整合工作的有效开展；二是高层级董事因具有更多社会职位，能够接触到更多的信息，尤其是先进的管理和治理经验，并通过非正式层级形成的信息共享渠道在董事会内部有效传递，可为并购后整合工作提供资源支持，为并购整合计划制定、风险防范、解决执行中的难题等方面提出建树和解决方案，助力并购整合工作顺利开展，提升董事会对资源的整合能力和管理能力；三是董事会非正式层级增加了董事会对并购整合中执行层面管理者责任的监督效果，减少管理层因消极懈怠和畏难情绪给并购整合工作带来的负面影响。因此，董事会非正式层级能够提升企业并购整合效果，从而促进实现更高的并购绩效。

综上所述，将董事会非正式层级与企业并购绩效实现这二者的关系放在并购的全流程中进行分析，取得良好的并购绩效与并购决策、并购定价与并购整合各阶段息息相关，在逻辑上一脉相承，并购决策阶段为并购绩效实现从源头上提供了保障，合理的并购定价为后续并购绩效实现提供更多的资源支持，并购整合效率为并购绩效的取得提供了基础。

并购流程角度的间接路径理论分析框架如图 6－1 所示。

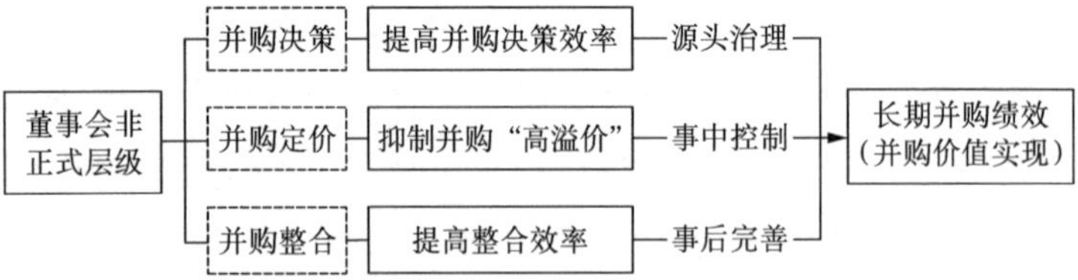

图6－1　并购流程视角下董事会非正式层级与并购绩效理论框架

（二）直接影响路径分析

从直接影响角度来看，清晰的董事会非正式层级结构通过发挥信息与资源整合效应和管理者责任监督效应来影响并购绩效。

其一，从信息与资源整合效应角度来看，董事会非正式层级提高并购绩效主要是缓解了企业并购中的并购不确定性问题，也可以称为并购风险问题。并购是企业作出的重要战略投资决策，面临较多的复杂性和不确定性，即较高的风险。在这一情境下，董事会作为决策群体，其信息交流和沟通效率对并购效果有着直接作用（Schmidt，2015），决策团队成员之间的沟通越有效，企业并购的效果越好（赵乐和王琨，2020）。

基于权威特征理论，团队成员中的身份与地位的权威特征代表了成员对团队贡献的能力，贡献能力的差异带来成员之间相互尊重的不同，基于尊重秩序建立起来的等级秩序是一种潜在的协调机制（Magee 和 Galinsky，2008），团队成员借此能够在互动中利用成员专长吸收彼此的信息与观点（Kish－Gephart 和 Campbell，2015），高效利用董事会团队内部的多样化、异质性信息与资源，避免团队内部的冲突内耗（张耀伟等，2021）。团队优势互补理论同样指出董事会非正式层级对团队内部的资源配置、权责划分和计划执行具有积极意义（Tiedens 和 Jimenez，2003；Kish－Gephart 和 Campbell，2015）。因此，董事会内部若缺乏清晰的非正式层级这种协调机制，由于董事会在横向水平上存在个体差异而容易陷入纷争（张耀伟等，2020），信息交流和沟通效率无法得到保证，因此无法有效整合信息与资源，难以取得良好的并购绩效。

董事会非正式层级所提供的信息与资源整合效应能够降低并购中的不确定性，提升并购绩效。在企业并购项目选择、并购定价谈判以及并购后整合的诸多过程中，收购方都面临着许多的不确定性，如将目标方并入后，在地域方面、产供销等价值链以及企业文化方面均需要进行整合，收购后企业的盈利能力也变得难以预测。这些不确定性增加了未来获取并购绩效的风险和难度，降低这些不确定性的关键在于与并购相关的信息与资源的获取与整合。董事会非正式层级有利于降低这些不确定性，一是非正式层级高位董事因具有更多的社会资源，如在其他公司担任董事职位、具有政治关联等，使得其具有更丰富的经验和更高的认知水平，能够带来更多的信息与资源（王晓亮和邓可斌，2020），且这些信息与资源因非正式层级结构的存在而得到更多的重视（张耀伟等，2021）；二是清晰的非正式层级结构能够促进董事成员更好地分享并购相关信息，且高位董事成员能够引导董事会的讨论，在并购有关的相关决策过程中充分有效地进行沟通，有助于收购方企业准确、全面地掌握并购相关信息；三是清晰的非正式层级具有一定的激励作用，激励董事更好地履职，将信息优势转化为信息资源，在并购执行过程中获取更多的资源支持，降低并购中的不确定性，取得更好的并购效果，实现更高的并购绩效。

其二，从管理者责任监督效应角度来看，董事会非正式层级影响并购绩效主要是缓解了企业并购中的代理冲突。企业并购是一项非常复杂的投资活动，无论是企业并购之前的调查、并购行为的实施还是并购后的整合都需要管理者的深度参与并付出诸多努力，为实现更高的并购绩效，管理者的勤勉尽责十分重要。

清晰的非正式层级结构能够强化董事会的监督效力来降低代理冲突从而促进更好实现并购绩效。并购理论认为企业并购的根本动机是获取价值，但实践中并购不但没有实现并购经济效果反而损害了股东价值，这已经成为普遍一致的研究结论，这是由于并购中存在着严重的代理冲突（张洽和袁天荣，2013；Wang 和 Wu，2020；Zhou 等，2020；刘衡和袁天荣，2021）。首先，清晰的董事会非正式层级增加了在并购活动中对管理者责任的监督效力，一方面，非正式层级结构因带来更多与并购活动有关的信息从而有效识别管理者并购行为，加强对管理者责任的监督能力；另一方面，非正式层级结构因嵌入关系规则带来的董事会凝聚力增加了与管理者的共谋成本从而增强了董事会对管理者的监督意愿。其次，清晰的非正式层级由于提供了沟通机制，降低了信息沟通成本，缓解了与管理者之间的信息不对称程度。最后，非正式层级的信任关系规则本身就是一种监督机制，避免了在并购中管理者因追求私有利益而损害企业价值的行为。综上，非正式层级由于增强了对管理者责任的监督，从而使管理者在并购活动中减少机会主义行为，更好地承担管理者责任，付出更多努力实现良好的并购效果，从而实现更高的并购绩效。

董事会非正式层级影响企业并购绩效的理论模型如图 6－2 所示。

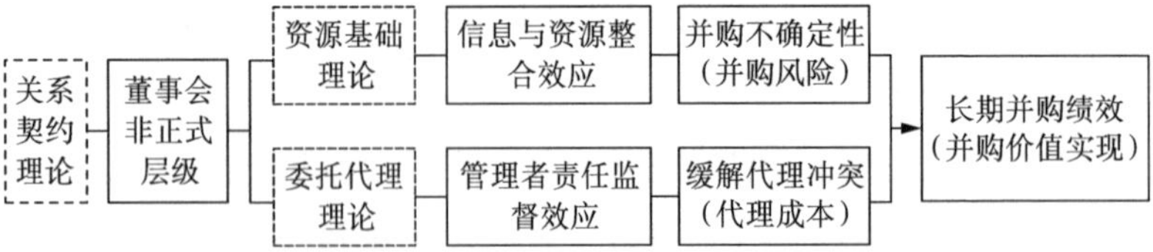

图 6－2　董事会非正式层级与企业并购绩效理论模型

综上所述，董事会非正式层级如何影响并购绩效可以从两个角度进行理论分析。从并购流程角度，由于并购决策、并购定价与并购绩效有着密切的关系，前述章节的研究验证了董事会非正式层级能够提高并购决策效率，降低并购不合理溢价，能够为并购价值实现提供前期基础；从直接影响角度，董事会非正式层级带来的信息与资源整合效应和管理者责任监督效应能够促进取得更高的并购绩效。基于此，提出本章假设：

假设6-1：董事会非正式层级结构越清晰，企业获取的长期并购绩效越高。

第三节　研究设计

一、样本选取与数据来源

本章选取并购宣告日在2008—2019年且收购方为沪深A股上市公司的并购事件作为初始研究样本，并进行如下处理：（1）剔除并购交易未成功样本；（2）一年内多次并购的样本仅保留第一次并购；（3）剔除债务重组、股份回购、资产剥离和资产置换样本；（4）剔除金融业公司、ST和*ST公司；（5）剔除数据缺失样本。此外，为避免异常值对研究结论的干扰，对样本进行上下1%的缩尾处理。本章所用数据来源于CSMAR数据库、CNRDS数据库和RESSET数据库，部分缺失值手工查阅公告和证券网站补足。

二、变量定义与模型构建

（一）变量定义

1. 并购绩效（MA_Perf）

本章关注的是完成并购后是否有助于实体经济增长，参考 Cai 和 Sevilir（2010）、潘爱玲和王淋淋（2015）、逯东等（2019）的研究方法，分别采用并购宣告日前后两年的总资产报酬率和净资产报酬率的均值之差来衡量并购协同价值。

2. 控制变量

参考现有文献（潘爱玲和王淋淋，2015；逯东等，2019），选取公司规模（SIZE）、资产负债率（LEV）、企业成长性（GROWTH）、现金持有（CASH）、经营现金流波动性（CFV）、股票回报率（RET）、董事会正式权力层级（DFL）、董事会持股比例（DHR）、独立董事占比（IDR）、并购交易规模（DEAL）、并购支付方式（PAYT）、是否关联并购（REL）等作为控制变量。同时，控制年度和行业[①]固定效应。变量定义与说明如表 6 - 1 所示。

表 6 - 1　　变量定义与说明

变量类型	变量名称	变量符号	变量定义
被解释变量	长期并购绩效	ΔROA	并购宣告日前后一年总资产报酬率 ROA 的均值之差来衡量
		ΔROE	并购宣告日前后两年净资产报酬率 ROE 的均值之差来衡量

① 行业参照证监会行业 2012 版，制造业采用行业代码第一位字母加一位数字为标准，其他取第一位字母。

续表

变量类型	变量名称	变量符号	变量定义
解释变量	董事会非正式层级	GINI	根据模型（4-3）计算得到的基尼系数
控制变量	公司规模	SIZE	第t年末总资产金额的对数
	资产负债率	LEV	第t年末负债总额/第t年末总资产
	企业成长性	GROWTH	第t年相对于第t-1年的总资产增长率
	现金持有	CASH	第t年末货币资金与总资产的比值
	经营现金流波动性	CFV	样本公司用总资产标准化后的经营现金流量在三年内（t-2期、t-1期、t期）标准差
	股票回报率	RET	考虑现金股利再投资的股票年收益率
	董事会正式权力层级	DFL	董事会正式权力分布的变异系数
	董事会持股比例	DHR	董事会持股数量/总股数
	独立董事占比	IDR	独立董事人数与董事会总人数的比值
	并购交易规模	DEAL	并购交易金额与总资产的比值
	并购支付方式	PAYT	并购支付方式为现金支付则取值为1，否则取值为0
	是否关联交易	REL	并购属于关联交易取值为1，否则取值为0
	行业	IND	虚拟变量
	年度	YEAR	虚拟变量

（二）模型构建

为验证董事会非正式层级对企业并购绩效的影响，构建多元回归模型（6-1）：

$$MA\_Perf_{i,t} = \alpha_0 + \alpha_1 GINI_{i,t} + \sum Controls + \sum Year + \sum Ind + \varepsilon_{i,t}$$

模型（6-1）

其中，MA_Perf是长期并购绩效，用ΔROA和ΔROE来衡量。

若回归系数 α_1 大于零，表明董事会非正式层级对企业并购绩效产生正向影响，若 α_1 小于零，表明董事会非正式层级对企业并购绩效产生负面影响。

第四节　实证结果与分析

一、描述性统计

对本章所涉及的主要变量进行描述性统计，结果如表 6－2 所示。企业并购绩效 ΔROA 和 ΔROE 的均值分别为－0.027 和－0.037，中位数为－0.016 和－0.019，该结果表明，整体来看我国上市公司发起的并购活动在两年内不但未起到提升企业绩效的作用，反而损害了企业价值，难以获取协同价值；最小值分别为－0.524和－1.147，最大值分别为 0.433 和 0.867，表明不同企业之间的并购绩效存在一定差异。董事会非正式层级（GINI）的均值为 0.645，最小值和最大值分别为 0.237 和 1.000，取值均在正常值范围内，该结果表明样本企业中存在董事会非正式层级，且具有一定差异，为后续研究提供了实证基础。公司层面控制变量和并购交易特征控制变量的描述性统计结果均在正常范围之内。

表 6－2　　描述性统计

变量	观测值	均值	标准差	最小值	中位数	最大值
ΔROA	2213	－0.027	0.106	－0.524	－0.016	0.433

续表

变量	观测值	均值	标准差	最小值	中位数	最大值
ΔROE	2205	-0.037	0.201	-1.147	-0.019	0.867
GINI	2213	0.645	0.175	0.237	0.644	1.000
SIZE	2213	22.071	1.051	19.568	21.920	26.063
LEV	2213	0.415	0.182	0.050	0.405	0.941
GROWTH	2213	0.308	0.435	-0.302	0.178	3.556
CASH	2213	0.173	0.109	0.014	0.146	0.665
CFV	2213	0.041	0.031	0.002	0.033	0.227
RET	2213	0.221	0.617	-0.707	0.051	2.510
DFL	2213	0.454	0.115	0.000	0.387	0.707
DHR	2213	0.151	0.193	0.000	0.029	0.830
IDR	2213	0.376	0.056	0.200	0.333	0.714
DEAL	2213	0.168	0.382	0.000	0.049	4.582
PAYT	2213	0.666	0.472	0.000	1.000	1.000
REL	2213	0.379	0.485	0.000	0.000	1.000

二、相关性分析

对主要变量进行 Pearson 相关性分析结果如表 6－3 所示。GINI 与并购绩效 ΔROA 和 ΔROE 的系数分别 0.055 和 0.041，分别在 5% 和 10% 水平上显著正相关，说明在不考虑其他控制因素的情况下，变量之间呈显著的正相关关系，即当企业的董事会非正式层级结构越清晰时，企业并购取得的绩效越高，与本章的主要理论假设相符合。GINI 与企业并购整合能力（ΔAlt_Z）之间的相关系数为

表 6-3　主要变量相关性分析

变量	ΔROA	ΔROE	GINI	SIZE	LEV	GROWTH	CASH	CFV	RET	DFL	DHR	IDR	DEAL	PAYT	REL
ΔROA	1														
ΔROE	0.903***	1													
GINI	0.055**	0.041*	1												
SIZE	0.006	-0.033	-0.074***	1											
LEV	0.075***	0.018	0.022	0.520***	1										
GROWTH	-0.059***	-0.032	0.006	0.041*	-0.015	1									
CASH	-0.025	0.003	-0.026	-0.153***	-0.293***	-0.023	1								
CFV	-0.028	-0.033	0.042*	-0.014	0.135***	0.039*	0.039*	1							
RET	0.175***	0.173***	0.028	-0.123***	-0.069**	0.175***	0.069**	-0.006	1						
DFL	-0.054**	-0.031	0.016	-0.130***	-0.059***	0.087***	-0.025	0.021	0.023	1					
DHR	-0.134***	-0.085***	0.058***	-0.338***	-0.269***	0.125***	0.079***	-0.032	0.100***	0.172***	1				
IDR	-0.023	-0.009	0.025	-0.058***	-0.019	0.002	0.026	0.084***	0.016	0.156***	0.084***	1			
DEAL	0.147***	0.133***	0.033	-0.190***	-0.105***	0.012	0.036*	0.030	0.080***	0.008	-0.028	-0.016	1		
PAYT	-0.165***	-0.150***	-0.042*	-0.000	0.024	-0.118***	-0.009	0.031	-0.189***	0.031	0.022	0.023	-0.426***	1	
REL	0.154***	0.112***	0.022***	0.150***	0.169***	-0.056**	-0.063***	0.014	0.006	-0.126***	-0.247***	-0.040*	0.261***	-0.356***	1

注：*、**、*** 分别表示 10%、5% 和 1% 的显著性水平。

0.029，但并不显著。为进一步研究董事会非正式层级对企业并购整合、并购绩效的影响，还需要后续控制其他因素，设定多元回归模型，进行更加深入翔实的研究与分析。此外，除并购绩效两个衡量指标 ΔROA 和 ΔROE 之间的系数为 0.903 之外，其他变量的相关系数均在 0.6 以下，由于并购绩效 ΔROA 和 ΔROE 两个指标不会同时出现在同一个回归模型中，因此，通过相关性分析结果可以判定模型中涉及的变量不存在较为严重的多重共线性。

三、回归结果与分析

表 6-4 报告了董事会非正式层级对企业并购绩效影响的实证结果。以并购宣告日前后两年总资产报酬率均值之差 ΔROA 作为长期并购绩效的衡量指标，不加入任何控制变量，仅控制行业和年度固定效应，董事会非正式层级（GINI）的系数为 0.030，在 5% 水平上显著为正，初步说明，董事会非正式层级正向影响企业并购绩效，非正式层级清晰度越高，企业取得的并购绩效越高；加入公司层面和并购交易层面控制变量后，GINI 的系数为 0.028，在 5% 水平上显著为正，进一步说明董事会非正式层级与企业并购绩效正相关。以并购宣告日前后两年净资产收益率均值之差 ΔROE 作为长期并购绩效的衡量指标，不加入任何控制变量，仅控制行业和年度固定效应，GINI 的系数为 0.046，在 10% 水平上显著为正；加入公司层面和并购交易层面控制变量后，GINI 的系数为 0.043，在 10% 水平上显著为正，充分说明董事会非正式层级与企业并购绩效正相关。

表 6 - 4　　董事会非正式层级与并购绩效回归结果

变量	(1)	(2)	(3)	(4)
	ΔROA	ΔROA	ΔROE	ΔROE
GINI	0. 030 **	0. 028 **	0. 046 *	0. 043 *
	(2. 217)	(2. 110)	(1. 761)	(1. 681)
SIZE		-0. 006 **		-0. 011 **
		(-2. 099)		(-1. 990)
LEV		0. 058 ***		0. 053 *
		(3. 613)		(1. 668)
GROWTH		-0. 021 ***		-0. 035 ***
		(-3. 872)		(-3. 346)
CASH		0. 022		0. 0550
		(0. 951)		(1. 221)
CFV		-0. 087		-0. 325 **
		(-1. 177)		(-2. 245)
RET		0. 036 ***		0. 073 ***
		(6. 448)		(6. 743)
DFL		-0. 036 *		-0. 043
		(-1. 776)		(-1. 069)
DHR		-0. 064 ***		-0. 092 ***
		(-4. 776)		(-3. 481)
IDR		-0. 029		-0. 033
		(-0. 697)		(-0. 404)
DEAL		0. 020 ***		0. 025 *
		(2. 961)		(1. 911)
PAYT		-0. 022 ***		-0. 033 ***
		(-3. 810)		(-2. 954)

续表

变量	(1)	(2)	(3)	(4)
	ΔROA	ΔROA	ΔROE	ΔROE
REL		0.012**		0.019*
		(2.219)		(1.791)
IND	YES	YES	YES	YES
YEAR	YES	YES	YES	YES
_cons	-0.057*	0.098	-0.108*	0.194
	(-1.725)	(1.402)	(-1.671)	(1.414)
N	2213	2213	2205	2205
Adj R^2	0.030	0.102	0.030	0.079

注：*、**、*** 分别表示10%、5%和1%的显著性水平；括号内为T值。

四、稳健性检验

（一）倾向得分匹配法（PSM）

为控制潜在内生性问题，采用倾向得分匹配法（PSM）进行稳健性检验。首先，借鉴何瑛和马添翼（2021）的研究方法，以分行业分年度计算出来的董事会非正式层级（GINI）中位数为标准，分为董事会非正式层级清晰度高（处理组）和非正式层级清晰度低（控制组）组，采用1∶1无放回的最近邻匹配方法进行匹配后的样本进行回归分析。本章选取公司规模、资产负债率、企业成长性、现金持有、经营现金流波动性、股票回报率、董事会正式权力层级、董事会持股比例、独立董事占比、并购交易规模、并购支付方式、是否关联并购以及年度、行业进行1∶1无放回匹配，匹配卡尺设置为0.1，匹配结果如表6-5所示。

表 6-5　　PSM 匹配前后样本特征

变量	样本	均值		T 值	P 值
		处理组	控制组		
SIZE	匹配前	22.004	22.155	-3.34	0.001
	匹配后	22.003	22.025	-0.50	0.614
LEV	匹配前	0.419	0.413	0.81	0.416
	匹配后	0.419	0.426	-0.99	0.322
GROWTH	匹配前	0.382	0.368	0.31	0.760
	匹配后	0.382	0.344	1.17	0.241
CASH	匹配前	0.169	0.179	-2.30	0.021
	匹配后	0.168	0.165	0.84	0.403
CFV	匹配前	0.043	0.041	1.75	0.079
	匹配后	0.043	0.044	-0.69	0.490
RET	匹配前	0.221	0.232	-0.43	0.670
	匹配后	0.221	0.215	0.26	0.797
DFL	匹配前	0.454	0.454	-0.01	0.990
	匹配后	0.454	0.455	-0.25	0.804
DHR	匹配前	0.157	0.143	1.74	0.082
	匹配后	0.157	0.144	1.55	0.120
IDR	匹配前	0.377	0.377	0.11	0.911
	匹配后	0.377	0.375	0.82	0.415
DEAL	匹配前	0.175	0.173	0.12	0.903
	匹配后	0.175	0.166	0.50	0.618
PAYT	匹配前	0.658	0.673	-0.73	0.466
	匹配后	0.658	0.678	-0.98	0.328
REL	匹配前	0.389	0.375	0.68	0.497
	匹配后	0.389	0.389	0.00	1.000

回归结果如表 6-6 第（1）列和第（2）列所示。在第（1）列进行的回归结果中，董事会非正式层级（GINI）的系数为

0.036，在5%水平上显著为正，说明进行PSM进行稳健性检验后仍然支持董事会非正式层级显著提升并购绩效的结论；在第（2）列的回归结果中，董事会非正式层级（GINI）的系数为0.068，在10%水平上显著为正，说明董事会非正式层级越清晰，企业并购绩效越高。以上结果均为本章结论提供了进一步经验证据。

（二）Heckman两阶段模型

为缓解可能存在的内生性问题，本章采用Heckman两阶段模型进行稳健性检验。借鉴现有研究方法，选取滞后一期（t－1期）的除去本公司董事会非正式层级的行业均值（GINI_M）作为工具变量。第一阶段中，以董事会非正式层级（GINI）为被解释变量，以工具变量GINI_M为解释变量进行回归，并计算出逆米尔斯比率（Inverse Mills Ratio，IMR）；在第二阶段中，将IMR作为新增控制变量加入模型中进行回归。第一阶段回归结果如表6－6第（3）列所示，GINI_M的系数在1%的水平上显著为正；第二阶段回归结果如表6－6第（4）列和第（5）列所示，在第（4）列的回归结果中，董事会非正式层级（GINI）的系数在5%水平上显著为正，在第（5）列的回归结果中，董事会非正式层级（GINI）的系数在5%水平上显著为正，说明董事会非正式层级越清晰，企业并购绩效越高。回归结果依然支持本章结论。

表6－6　　PSM与Heckman两阶段检验结果

变量	PSM		Heckman两阶段		
	(1)	(2)	(3)	(4)	(5)
	ΔROA	ΔROE	GINI	ΔROA	ΔROE
GINI	0.036**	0.068*		0.032**	0.051**
	(2.105)	(1.953)		(2.391)	(1.962)

续表

变量	PSM		Heckman 两阶段		
	(1)	(2)	(3)	(4)	(5)
	ΔROA	ΔROE	GINI	ΔROA	ΔROE
GINI_M			0.636***		
			(7.578)		
SIZE	-0.006	-0.005	-0.016***	-0.009***	-0.016***
	(-1.544)	(-0.751)	(-3.925)	(-2.752)	(-2.644)
LEV	0.039*	-0.000	0.071***	0.070***	0.076**
	(1.889)	(-0.010)	(2.920)	(4.064)	(2.236)
GROWTH	-0.019***	-0.041***	-0.002	-0.021***	-0.036***
	(-2.603)	(-2.694)	(-0.286)	(-3.953)	(-3.423)
CASH	0.009	0.071	-0.062*	0.012	0.036
	(0.312)	(1.174)	(-1.859)	(0.515)	(0.781)
CFV	0.149	-0.471**	0.166	-0.062	-0.274*
	(1.451)	(-2.271)	(1.527)	(-0.816)	(-1.864)
RET	0.031***	0.074***	-0.006	0.034***	0.070***
	(4.253)	(5.027)	(-0.714)	(6.137)	(6.425)
DFL	-0.037	-0.034	0.002	-0.037*	-0.043
	(-1.399)	(-0.630)	(0.056)	(-1.789)	(-1.080)
DHR	-0.057***	-0.093***	0.054***	-0.055***	-0.074***
	(-3.186)	(-2.604)	(2.744)	(-3.863)	(-2.668)
IDR	-0.038	-0.086	0.028	-0.023	-0.022
	(-0.687)	(-0.774)	(0.438)	(-0.556)	(-0.267)
DEAL	0.009	0.027	-0.004	0.019***	0.025*
	(0.909)	(1.449)	(-0.400)	(2.895)	(1.850)
PAYT	-0.026***	-0.023	-0.000	-0.022***	-0.034***
	(-3.409)	(-1.462)	(-0.036)	(-3.853)	(-2.991)
REL	0.013*	0.028*	0.014*	0.014**	0.023**
	(1.845)	(1.923)	(1.654)	(2.565)	(2.136)

续表

变量	PSM			Heckman 两阶段	
	(1)	(2)	(3)	(4)	(5)
	ΔROA	ΔROE	GINI	ΔROA	ΔROE
IMR				0.363*	0.701*
				(1.925)	(1.900)
IND	YES	YES	YES	YES	YES
YEAR	YES	YES	YES	YES	YES
_cons	0.059	0.051	0.607***	-0.000	0.007
	(0.636)	(0.273)	(5.194)	(-0.001)	(0.041)
N	1160	1178	2489	2213	2205
Adj R^2	0.081	0.077	0.042	0.103	0.080

注：*、**、*** 分别表示 10%、5% 和 1% 的显著性水平；括号内为 T 值。

（三）更换代理变量

1. 更换并购绩效价值代理变量

（1）并购前后一年的总资产报酬率和净资产收益率之差。使用并购宣告日前后一年总资产报酬率之差（ΔROA1）和净资产收益率之差（ΔROE1）进行重复检验。重复检验的结果如表 6-7 第（1）列至第（4）列所示，当不加入控制变量时，单变量回归系数分别为 0.021 和 0.038，在 1% 水平上显著为正；加入控制变量的回归系数分别为 0.022 和 0.041，在 1% 水平上显著为正，该回归结果为本章结论提供了进一步的经验证据。

（2）并购宣告日后购买持有异常收益率。使用购买持有异常收益率（BHAR）作为并购绩效代理变量进行重复检验。BHAR 衡量的是从并购宣告日开始持有该公司股票到考察期结束这一段持有期内，股票收益率高于市场平均收益率的值，计算公式如下：

$$BHAR_{i,t} = \prod_{t=0}^{T}(1 + R_{i,t}) - \prod_{t=0}^{T}(1 + R_{m,t}) \qquad 模型（6-2）$$

其中，$R_{i,t}$为公司股票收益率，$R_{m,t}$为市场组合收益率，$BHAR_{i,t}$指的是并购宣告日后250个交易日的购买持有异常收益率。

根据上述方法计算出来的长期持有收益率（BHAR）作为并购绩效的代理变量，与董事会非正式层级（GINI）进行回归的结果如表6-7第（5）列和第（6）列所示。当不加入任何控制变量仅控制行业和年度固定效应时，GINI的系数为0.135，在10%水平上显著；在此基础上继续加入控制变量后GINI的系数为0.090，且通过了10%的显著性检验。该回归结果说明董事会非正式层级能够显著提升企业并购绩效，为本章结论提供了进一步的数据支持。

表6-7　替换并购绩效衡量指标的稳健性检验结果

变量	（1）	（2）	（3）	（4）	（5）	（6）
	ΔROA1	ΔROA1	ΔROE1	ΔROE1	BHAR	BHAR
GINI	0.021***	0.022***	0.038***	0.041***	0.135*	0.090*
	(3.642)	(3.445)	(3.423)	(3.287)	(1.671)	(1.708)
SIZE		-0.002		-0.006**		-0.029***
		(-1.180)		(-2.142)		(-2.662)
LEV		0.016**		0.041***		0.182***
		(2.071)		(2.673)		(2.848)
GROWTH		-0.010***		-0.012**		0.044**
		(-3.753)		(-2.413)		(2.059)
CASH		-0.005		0.007		0.049
		(-0.499)		(0.315)		(0.552)
CFV		-0.034		-0.135**		0.227
		(-0.998)		(-1.963)		(0.795)

续表

变量	(1)	(2)	(3)	(4)	(5)	(6)
	ΔROA1	ΔROA1	ΔROE1	ΔROE1	BHAR	BHAR
RET		0.022 ***		0.042 ***		0.390 ***
		(8.441)		(7.960)		(17.507)
DFL		-0.018 *		-0.036 *		0.015
		(-1.907)		(-1.882)		(0.183)
DHR		-0.025 ***		-0.037 ***		0.032
		(-4.076)		(-2.994)		(0.622)
IDR		-0.013		-0.040		-0.209
		(-0.661)		(-1.020)		(-1.258)
DEAL		0.013 ***		0.020 ***		0.097 ***
		(4.292)		(3.150)		(3.866)
PAYT		-0.009 ***		-0.012 **		-0.080 ***
		(-3.200)		(-2.233)		(-3.473)
REL		0.003		0.004		-0.011
		(1.296)		(0.824)		(-0.525)
IND	YES	YES	YES	YES	YES	YES
YEAR	YES	YES	YES	YES	YES	YES
_cons	-0.051 ***	-0.000	-0.132 ***	0.012	0.143	0.785 ***
	(-3.933)	(-0.010)	(-5.274)	(0.183)	(0.774)	(2.869)
N	3366	2455	3339	2451	3566	2417
Adj R^2	0.032	0.108	0.025	0.081	0.071	0.313

注：*、**、*** 分别表示 10%、5% 和 1% 的显著性水平；括号内为 T 值。

2. 更换董事会非正式层级指标计算方法

第一，仅使用董事成员在外兼职董事数量计算董事会非正式层级进行重复检验。借鉴 He 和 Huang（2011）的非正式层级衡量方式，仅使用董事成员在外兼职董事数量来衡量董事的声望和影响力。使用重新计算的董事会非正式层级（GINI_Q）变量代入模型（6-1）中进行多元回归的结果如表6-8第（1）列和第（2）列所示，GINI_Q的系数分别在1%和5%水平上显著为正，数据结果进一步支持了本章的主要结论。

第二，不考虑独立董事重新计算董事会非正式层级进行重复检验。借鉴王晓亮和邓可斌（2020）的研究方法，考虑到独董身份的特殊性，在稳健性检验中，计算董事会非正式层级时不考虑独立董事，仅用非独董数据计算董事会非正式层级。使用除去独立董事的非正式层级（GINI_EXID）代入模型（6-1）中进行多元回归的结果如表6-8第（3）列和第（4）列所示，GINI_EXID的系数分别在10%和5%水平上显著为正，数据结果进一步支持了本章结论。

表6-8　　替换董事会非正式层级指标的稳健性检验结果

变量	(1)	(2)	(3)	(4)
	ΔROA	ΔROE	ΔROA	ΔROE
GINI_Q	0.035***	0.054**		
	(2.780)	(2.190)		
GINI_EXID			0.017*	0.039**
			(1.769)	(2.054)
SIZE	-0.007**	-0.012**	-0.006**	-0.013**
	(-2.402)	(-2.192)	(-2.273)	(-2.285)
LEV	0.063***	0.060*	0.073***	0.098***
	(3.908)	(1.869)	(4.339)	(3.005)
GROWTH	-0.020***	-0.035***	-0.019***	-0.038***
	(-3.658)	(-3.322)	(-3.426)	(-3.513)

续表

变量	(1)	(2)	(3)	(4)
	ΔROA	ΔROE	ΔROA	ΔROE
CASH	0.027	0.061	0.027	0.070
	(1.159)	(1.321)	(1.128)	(1.523)
CFV	-0.061	-0.287*	-0.078	-0.204
	(-0.806)	(-1.944)	(-0.985)	(-1.333)
RET	0.035***	0.071***	0.039***	0.076***
	(6.246)	(6.537)	(6.740)	(6.840)
DFL	-0.027	-0.031	-0.032	-0.020
	(-1.313)	(-0.771)	(-1.535)	(-0.484)
DHR	-0.067***	-0.094***	-0.063***	-0.090***
	(-4.921)	(-3.497)	(-4.502)	(-3.311)
IDR	-0.033	-0.045	-0.023	-0.035
	(-0.797)	(-0.542)	(-0.536)	(-0.411)
DEAL	0.017**	0.019	0.013*	0.028**
	(2.488)	(1.421)	(1.875)	(1.989)
PAYT	-0.023***	-0.036***	-0.020***	-0.030**
	(-3.995)	(-3.160)	(-3.366)	(-2.558)
REL	0.012**	0.018*	0.010*	0.012
	(2.178)	(1.700)	(1.796)	(1.101)
IND	YES	YES	YES	YES
YEAR	YES	YES	YES	YES
_cons	0.110	0.233*	0.117*	0.277**
	(1.573)	(1.685)	(1.652)	(2.015)
N	2136	2128	1917	1913
Adj R^2	0.104	0.080	0.100	0.075

注：*、**、*** 分别表示10%、5%和1%的显著性水平；括号内为T值。

五、进一步分析

（一）机制检验

1. 代理成本

委托代理理论认为股东和管理层的目标函数存在差异，作为内部人的管理者在公司决策中有追求自身利益最大化的私利动机，产生了昂贵的代理成本。基于该理论框架，在企业并购活动中，管理者可能会发起净现值为负的并购项目来攫取股东利益，也可能会因风险厌恶而放弃净现值为正的并购项目导致错失并购良机。并购是企业作出的一项重大投资决策，具有风险高、期限长和战略性强的特点，企业并购中存在着严重的代理问题，管理层获取私有收益的自利动机降低了并购效率，损害了并购价值（张洽和袁天荣，2013）。清晰的非正式层级结构能够强化董事会的监督效力来降低代理冲突从而促进更好实现并购绩效。因此，从管理者责任监督效应角度，降低代理成本是董事会非正式层级影响并购绩效的中介机制。

为验证上述影响机制，借鉴温忠麟等（2004）的研究方法，设定如下一组中介效应模型，验证董事会非正式层级影响企业并购绩效的管理者责任监督效应：

$$MA\_Perf_{i,t} = \alpha_0 + \alpha_1 GINI_{i,t} + \sum Controls + \sum Year + \sum Ind + \varepsilon_{i,t}$$

模型（6－3）

$$AGENCY_{i,t} = \eta_0 + \eta_1 GINI_{i,t} + \sum Controls + \sum Year + \sum Ind + \varepsilon_{i,t}$$

模型（6－4）

$$MA\_Perf_{i,t} = \lambda_0 + \lambda_1 GINI_{i,t} + \lambda_2 AGENCY_{i,t} + \sum Controls + \sum Year + \sum Ind + \varepsilon_{i,t} \quad 模型（6-5）$$

其中，AGENCY 表示管理层代理成本，借鉴现有文献的研究方法，选取总资产周转率作为管理层代理成本的代理变量，资产周转率越高，说明代理成本越低，该指标是一个负向指标。中介效应检验共分为三步：第一，利用模型（6-3）检验 GINI 对 MA_Perf 的影响，若显著为正，进行下一步；第二，利用模型（6-4）检验 GINI 对管理层代理成本（AGENCY）的影响，观察 η_1 是否显著；第三，利用模型（6-5）将 AGENCY 和 GINI 放入同一个模型中与 MA_Perf 进行回归，观察 λ_1 和 λ_2，若 λ_2 显著且 λ_1 不显著，则管理层代理成本（AGENCY）发挥完全中介效应，若 λ_2 和 λ_1 同时显著，但 λ_1 相比于 α_1 有所降低，则管理层代理成本（AGENCY）发挥部分中介效应。

以并购绩效 ΔROA 和 ΔROE 为被解释变量，以管理层代理成本（AGENCY）为中介变量，以董事会非正式层级 GINI 为解释变量进行中介效应检验的结果如表 6-9 所示。第（1）列和第（2）列是对并购绩效的影响，在第（1）列中，以 ΔROA 为被解释变量，GINI 的系数为 0.030 且在 5% 水平上显著，在第（2）列中，以 ΔROE 为被解释变量，GINI 的系数为 0.050 且在 10% 水平上显著，表明董事会非正式层级显著提高了企业并购绩效。在第（3）列中，以总资产周转率为被解释变量，GINI 的系数为 0.090，且通过了 5% 的显著性检验，表明董事会非正式层级增加了企业总资产周转率，即降低了管理层代理成本。在第（4）列和第（5）列中，当加入总资产周转率（AGENCY）变量进行回归时，GINI 的系数由0.030降低为0.028，由0.050降低为0.048，且T值也均有所下降，总资产周转率（AGENCY）的系数分别为0.024和0.023，在1%和10%水平上显著为正，说明降低代理成本有助于增加企业并购绩效，而董事会非正式层级（GINI）对提升企业并购绩效的解释力度在加入管理层代理成本后有所下降。该结果表明，董事会非正式层级通过降低管理层代理成本而显著提升了企业并购绩效，管理层代理成本发挥了部分中介作用，董事会非正式层级影响企业并购绩效的管理者责任监督效应得以验证。

表6-9　　管理层代理成本的中介效应检验结果

变量	(1)	(2)	(3)	(4)	(5)
	ΔROA	ΔROE	AGENCY	ΔROA	ΔROE
GINI	0.030**	0.050*	0.090**	0.028**	0.048*
	(2.281)	(1.934)	(2.305)	(2.148)	(1.876)
AGENCY				0.024***	0.023*
				(3.611)	(1.761)
SIZE	-0.006**	-0.011**	0.090***	-0.006**	-0.011**
	(-2.064)	(-2.003)	(12.128)	(-2.233)	(-2.068)
LEV	0.059***	0.058*	0.279***	0.049***	0.047
	(3.662)	(1.808)	(5.963)	(2.994)	(1.469)
GROWTH	-0.021***	-0.033***	-0.044***	-0.020***	-0.032***
	(-3.812)	(-3.224)	(-2.821)	(-3.598)	(-3.121)
CASH	0.028	0.072	0.090	0.024	0.068
	(1.182)	(1.574)	(1.374)	(1.019)	(1.491)
CFV	-0.110	-0.381***	1.536***	-0.143*	-0.410***
	(-1.452)	(-2.606)	(7.138)	(-1.882)	(-2.791)
RET	0.037***	0.074***	0.045***	0.036***	0.073***
	(6.549)	(6.858)	(2.740)	(6.394)	(6.781)

续表

变量	(1)	(2)	(3)	(4)	(5)
	ΔROA	ΔROE	AGENCY	ΔROA	ΔROE
DFL	-0.038 *	-0.047	0.033	-0.038 *	-0.047
	(-1.835)	(-1.181)	(0.548)	(-1.839)	(-1.181)
DHR	-0.063 ***	-0.088 ***	-0.008	-0.062 ***	-0.086 ***
	(-4.663)	(-3.341)	(-0.215)	(-4.572)	(-3.273)
IDR	-0.027	-0.024	-0.065	-0.023	-0.020
	(-0.633)	(-0.287)	(-0.521)	(-0.545)	(-0.239)
DEAL	0.020 ***	0.024 *	0.030	0.019 ***	0.023 *
	(2.926)	(1.781)	(1.624)	(2.863)	(1.762)
PAYT	-0.023 ***	-0.036 ***	0.010	-0.023 ***	-0.036 ***
	(-3.934)	(-3.172)	(0.602)	(-3.972)	(-3.189)
REL	0.012 **	0.020 *	0.028 *	0.011 **	0.019 *
	(2.211)	(1.896)	(1.757)	(2.091)	(1.843)
IND/YEAR	YES	YES	YES	YES	YES
_cons	0.095	0.191	-0.334 ***	0.097	0.190
	(1.362)	(1.388)	(-2.642)	(1.386)	(1.381)
N	2186	2178	2446	2186	2178
Adj R^2	0.105	0.083	0.274	0.110	0.084

注：*、**、*** 分别表示 10%、5% 和 1% 的显著性水平；括号内为 T 值。

2. 并购不确定性

董事会非正式层级所提供的信息与资源整合效应能够降低并购中的不确定性，提升并购绩效。在企业并购项目选择、并购定价谈判以及并购后整合的诸多过程中，均面临着许多的不确定性，这些不确定性增加了未来获取并购绩效的风险和难度，董事会非正式层级带来的信息与资源整合效应有利于降低这些不确定性。一方面，非正式层级高位董事因具有更多的社会资源使得其具有更丰富的经验和更高的认知水平，能够带来更多的信息与资源；另一方面，清晰的非正式层级结构能够促进董事成员更好地分享并购相关信息，有助于收购方企业准确、全面地掌握并购相关信息。此外，清晰的非正式层级激励董事更好地履职，将信息优势转化为信息资源，在并购执行过程中获取更多的资源支持，降低并购中的不确定性。因此，从信息与资源整合效应角度，降低并购不确定性是董事会非正式层级影响并购绩效的中介机制。

为验证上述影响机制，借鉴温忠麟等（2004）的研究方法，设定如下一组中介效应模型，验证董事会非正式层级影响企业并购绩效的信息与资源整合效应：

$$MA\_Perf_{i,t} = \alpha_0 + \alpha_1 GINI_{i,t} + \sum Controls + \sum Year + \sum Ind + \varepsilon_{i,t}$$

模型（6－6）

$$MA\_U_{i,t} = \eta_0 + \eta_1 GINI_{i,t} + \sum Controls + \sum Year + \sum Ind + \varepsilon_{i,t}$$

模型（6－7）

$$MA\_Perf_{i,t} = \lambda_0 + \lambda_1 GINI_{i,t} + \lambda_2 MA\_U_{i,t} + \sum Controls + \sum Year + \sum Ind + \varepsilon_{i,t}$$

模型（6－8）

其中，MA_U 是并购不确定性。借鉴刘睿智等（2015）的研究方法，用分析师预测每股收益分歧的总体偏差来衡量并购不确定性，MA_U 指的是并购后第 1 年和第 2 年的分析师预测偏差的均值减去并购前 1 年分析师预测偏差值后得到的结果值。具体而言，假设并购事项发生在第 t 年，分析师对第 t－1 年的预测偏差表示并购前的不确定性，分析师对第 t＋1 年和第 t＋2 年的预测偏差的均值表示并购后的不确定性。

该中介效应检验共分为三步：第一，利用模型（6－6）检验

GINI 对 MA_Perf 的影响，若显著为正，进行下一步；第二，利用模型（6－7）检验 GINI 对并购不确定性（MA_U）的影响，观察 η_1 是否显著；第三，利用模型（6－8）将 MA_U 和 GINI 放入同一个模型中与 MA_Perf 进行回归，观察 λ_1 和 λ_2，若 λ_2 显著且 λ_1 不显著，则 MA_U 发挥完全中介效应，若 λ_2 和 λ_1 同时显著，但 λ_1 相比于 α_1 有所降低，则 MA_U 发挥部分中介效应。

以并购绩效 ΔROA 和 ΔROE 为被解释变量，以并购不确定性（MA_U）为中介变量，以董事会非正式层级 GINI 为解释变量进行中介效应检验的结果如表 6－10 所示。第（1）列至第（2）列是对并购绩效的影响，在第（1）列中，以 ΔROA 为被解释变量，GINI 的系数为 0.050 且在 1% 水平上显著，在第（2）列中，以 ΔROE 为被解释变量，GINI 的系数为 0.091 且在 1% 水平上显著，表明董事会非正式层级显著增加了企业并购绩效。在第（3）列中，以并购不确定性（MA_U）为被解释变量，GINI 的系数为 －0.207，且通过了 5% 的显著性检验，表明董事会非正式层级降低了并购不确定性。在第（4）列和第（5）列中，当加入并购不确定性（MA_U）变量进行回归时，GINI 的系数由 0.050 降低为 0.039，由 0.091 降低为 0.064，且 T 值也均有所下降，并购不确定性（MA_U）的系数分别为 －0.077 和 －0.152，均在 1% 水平上显著为负，说明降低并购不确定性有助于增加企业并购绩效，而董事会非正式层级（GINI）对提升企业并购绩效的解释力度在加入并购不确定性（MA_U）变量后有所下降。该结果表明，董事会非正式层级通过降低并购不确定性而显著提升了企业并购绩效，并购不确定性发挥了部分中介作用，董事会非正式层级影响企业并购绩效的信息与资源整合效应得以验证。

表6-10　　并购不确定性中介效应检验结果

变量	(1)	(2)	(3)	(4)	(5)
	ΔROA	ΔROE	MA_U	ΔROA	ΔROE
GINI	0.050***	0.091***	-0.207**	0.039***	0.064***
	(3.638)	(3.484)	(-2.336)	(3.223)	(2.894)
MA_U				-0.077***	-0.152***
				(-23.348)	(-25.271)
SIZE	-0.006*	-0.014**	0.006	-0.003	-0.010**
	(-1.871)	(-2.375)	(0.305)	(-1.243)	(-2.013)
LEV	0.061***	0.074**	0.082	0.063***	0.084***
	(3.470)	(2.263)	(0.733)	(4.171)	(2.989)
GROWTH	-0.028***	-0.038***	0.196***	-0.014***	-0.007
	(-4.878)	(-3.537)	(5.383)	(-2.835)	(-0.811)
CASH	0.018	0.026	-0.001	0.001	0.002
	(0.739)	(0.584)	(-0.008)	(0.057)	(0.066)
CFV	-0.016	-0.222	0.029	0.023	-0.164
	(-0.194)	(-1.488)	(0.058)	(0.321)	(-1.287)
RET	0.037***	0.073***	-0.004	0.039***	0.073***
	(6.610)	(7.084)	(-0.100)	(7.971)	(8.257)
DFL	-0.029	-0.078*	0.103	-0.034*	-0.077**
	(-1.344)	(-1.923)	(0.761)	(-1.788)	(-2.244)
DHR	-0.059***	-0.097***	0.286***	-0.042***	-0.064***
	(-4.222)	(-3.695)	(3.312)	(-3.433)	(-2.827)
IDR	-0.0360	-0.002	-0.094	-0.034	0.000
	(-0.823)	(-0.028)	(-0.335)	(-0.885)	(0.002)
DEAL	0.016**	0.027*	-0.101**	0.008	0.012
	(2.104)	(1.911)	(-2.144)	(1.276)	(0.963)
PAYT	-0.015**	-0.022*	0.080**	-0.009*	-0.011
	(-2.499)	(-1.931)	(2.096)	(-1.661)	(-1.103)

续表

变量	(1)	(2)	(3)	(4)	(5)
	ΔROA	ΔROE	MA_U	ΔROA	ΔROE
REL	0.013**	0.014	-0.007	0.012**	0.014
	(2.291)	(1.334)	(-0.190)	(2.519)	(1.560)
IND	YES	YES	YES	YES	YES
YEAR	YES	YES	YES	YES	YES
_cons	0.040	0.126	0.553	0.065	0.177
	(0.514)	(0.848)	(1.118)	(0.949)	(1.399)
N	1749	1749	1910	1749	1749
Adj R^2	0.104	0.092	0.075	0.321	0.339

注：*、**、*** 分别表示 10%、5% 和 1% 的显著性水平；括号内为 T 值。

（二）异质性分析

1. 产权性质

在中国制度背景之下，产权性质是研究企业并购不能忽视的因素之一。相较于民营企业的“效率观”，国有企业肩负更多的非经济性责任，国有实际控制人主导的“政策干预型并购”[①] 是导致国有企业并购活动低效率的关键因素。本章认为董事会非正式层级与并购绩效的关系在不同产权性质企业中会有所不同。在国有企业中，CEO 和董事长通常情况下由政府任命，相较于董事会其他成员具有一定的官员属性。在权力距离比较突出的中国社会中，若董事成员是直接任命，其自然处于比其他董事成员高的等级之上，而这种等级并非本书所研究的非正式层级，因为这一等级是由董事会外部环境中的政府权力部门所赋予的，不是由影响力和社会地位所

① 政策干预型并购：该类型并购主要出现在国有企业中，指的是服务于国有实际控制人满足其诉求的并购行为。

形成的（薛坤坤等，2021）。本书所研究的非正式层级是基于内心认可的尊重与信任基础上形成的，正是由于从内心上认可了这种等级关系，非正式层级才能够促进董事成员之间的沟通与交流并加强合作（张耀伟等，2015）。当政府任命的这种等级关系进入到董事会后，可能会与基于社会地位与影响力所形成的非正式层级产生冲突，反而阻碍了非正式层级作用的发挥（武立东等，2018）。因此，在国有企业中，非正式层级对企业并购绩效的影响可能会减弱。

为检验在不同产权性质下，董事会非正式层级对企业并购绩效的影响差异，按照是否为国有企业为标准，划分为两个子样本，分别代入模型（6－1）中进行回归，结果如表6－11所示。国有企业样本回归结果列示于第（1）列和第（2）列中，非国有企业样本回归结果列示于第（3）列和第（4）列中。

表6－11　　　　产权性质异质性检验结果

变量	国有企业		非国有企业	
	(1)	(2)	(3)	(4)
	ΔROA	ΔROE	ΔROA	ΔROE
GINI	－0.006	0.001	0.042***	0.064**
	(－0.282)	(0.024)	(2.615)	(2.124)
SIZE	－0.006	－0.016*	－0.009**	－0.014*
	(－1.639)	(－1.885)	(－2.277)	(－1.865)
LEV	0.052**	0.113**	0.064***	0.026
	(2.188)	(2.028)	(3.076)	(0.667)
GROWTH	－0.018*	0.001	－0.015**	－0.030**
	(－1.683)	(0.046)	(－2.372)	(－2.529)
CASH	0.006	0.066	0.018	0.036
	(0.148)	(0.756)	(0.632)	(0.678)

续表

变量	国有企业		非国有企业	
	(1)	(2)	(3)	(4)
	ΔROA	ΔROE	ΔROA	ΔROE
CFV	0.085	-0.129	-0.189**	-0.448**
	(0.755)	(-0.495)	(-2.020)	(-2.572)
RET	0.045***	0.081***	0.034***	0.073***
	(4.525)	(3.630)	(5.030)	(5.801)
DFL	0.015	0.032	-0.033	-0.029
	(0.314)	(0.293)	(-1.419)	(-0.662)
DHR	-0.326*	-0.275	-0.050***	-0.071**
	(-1.866)	(-0.699)	(-3.318)	(-2.475)
IDR	0.043	0.125	-0.058	-0.076
	(0.602)	(0.782)	(-1.150)	(-0.803)
DEAL	0.012	0.040**	0.023**	0.015
	(1.404)	(2.062)	(2.549)	(0.857)
PAYT	-0.024***	-0.049**	-0.018**	-0.022
	(-2.872)	(-2.518)	(-2.470)	(-1.595)
REL	0.014*	0.021	0.009	0.015
	(1.682)	(1.092)	(1.363)	(1.201)
IND	YES	YES	YES	YES
YEAR	YES	YES	YES	YES
_cons	0.015	0.145	0.209**	0.301
	(0.162)	(0.691)	(2.158)	(1.637)
N	583	575	1630	1630
Adj R^2	0.127	0.092	0.107	0.089

注：*、**、*** 分别表示 10%、5% 和 1% 的显著性水平；括号内为 T 值。

在国有企业样本组中，董事会非正式层级对企业并购绩效的回归系数均不显著；在非国有企业的样本组中，非正式层级对企业并购绩效的回归系数分别为0.042和0.064，分别在1%和5%水平上显著。该分组回归结果说明，当企业产权性质为国有企业时，董事会非正式层级对企业并购绩效的提升作用被削弱，当企业产权性质为非国有企业时，董事会非正式层级提高企业并购绩效的作用更加明显。

2. 董事长非正式层级位置

董事长处在非正式层级最高位时将具有更强的影响力和号召力，能够更加有效地引导董事会内部的信息沟通与交流，畅通成员之间的互动渠道，引导董事会成员专注于有价值的交流互动，实现组织目标。因此，当董事长处于非正式层级的最高位置时，董事会非正式层级能够发挥更加明显的治理作用，对企业并购绩效的正向影响作用更强。

为对以上理论分析进行验证，本章将样本按照董事长是否处于董事会非正式层级的最高位置（CM_R）分为两个子样本，当董事长位于非正式层级最高位时，CM_R取值为1，当董事会非正式层级最高位的成员并非董事长时，CM_R取值为0。将两个子样本分别代入模型（6－1）中进行回归，结果如表6－12所示。董事长位于非正式层级最高位（CM_R＝1）的子样本回归结果列示于第（1）列和第（2）列中，董事长未处于非正式层级最高位（CM_R＝0）的子样本回归结果列示于表6－12第（3）列和第（4）列中。

在CEO位于董事会非正式层级最高位的样本组中，董事会非正式层级对企业并购绩效的回归系数分别为0.035和0.069，回归系数在10%水平上显著为正；在非董事长位于董事会非正式层级最高位的样本组中，董事会非正式层级对企业并购绩效的回归系数分别为0.027和0.024，均未通过显著性水平检验。该分组回归结果说明，当董事长位于层级最高位时，董事会非正式层级提高企业并购绩效的作用更加明显，上述理论推导得以验证。

表 6－12　　董事长非正式层级位置的异质性检验结果

变量	CM_R = 1		CM_R = 0	
	(1)	(2)	(3)	(4)
	ΔROA	ΔROE	ΔROA	ΔROE
GINI	0.035*	0.069*	0.027	0.024
	(1.851)	(1.815)	(0.733)	(1.231)
SIZE	-0.003	-0.008	-0.015*	-0.008*
	(-0.850)	(-1.033)	(-1.901)	(-1.931)
LEV	0.032	0.062	0.061	0.084***
	(1.385)	(1.305)	(1.384)	(3.650)
GROWTH	-0.020**	-0.036**	-0.029**	-0.021***
	(-2.301)	(-2.197)	(-2.104)	(-2.841)
CASH	0.063*	0.129*	0.015	-0.004
	(1.784)	(1.820)	(0.240)	(-0.109)
CFV	-0.009	-0.356	-0.402**	-0.213**
	(-0.085)	(-1.618)	(-2.004)	(-2.024)
RET	0.026***	0.061***	0.087***	0.046***
	(3.224)	(3.820)	(5.864)	(5.950)
DFL	0.038	-0.165	-0.065	-0.045
	(0.417)	(-0.910)	(-1.230)	(-1.642)
DHR	-0.078***	-0.110***	-0.066*	-0.052***
	(-3.658)	(-2.608)	(-1.926)	(-2.883)
IDR	-0.020	-0.147	0.102	-0.019
	(-0.318)	(-1.155)	(0.916)	(-0.323)
DEAL	0.016	0.023	0.025	0.026***
	(1.632)	(1.140)	(1.381)	(2.740)

续表

变量	CM_R = 1		CM_R = 0	
	(1)	(2)	(3)	(4)
	ΔROA	ΔROE	ΔROA	ΔROE
PAYT	-0.024***	-0.038**	-0.033**	-0.021**
	(-2.842)	(-2.249)	(-2.094)	(-2.514)
REL	0.017**	0.027*	0.014	0.008
	(2.102)	(1.712)	(0.969)	(1.045)
IND	YES	YES	YES	YES
YEAR	YES	YES	YES	YES
_cons	-0.017	0.198	0.236	0.170*
	(-0.159)	(0.937)	(1.213)	(1.682)
N	999	996	1182	1187
Adj R^2	0.079	0.063	0.088	0.115

注：*、**、*** 分别表示 10%、5% 和 1% 的显著性水平；括号内为 T 值。

（三）董事会非正式层级与并购整合

由于长期并购绩效除与企业并购项目选择（并购决策）、并购交易等并购完成前的各环节有关，还与并购后的整合紧密相关，只有成功进行并购整合，才能获得更高的并购协同价值效应，最终表现为更好的并购绩效。因此，本章进一步验证了董事会非正式层级对企业并购整合的作用。

企业并购整合是否成功，最终会体现在并购整合后企业的破产风险变化上。借鉴逯东等（2019）的研究方法，使用并购宣告日前后两年企业破产风险变化值（ΔAlt_Z）来衡量并购整合能力。该指标构建的逻辑在于并购整合成败与破产风险是紧密关联的，若并购后企业的破产风险未显著增加，表明并购整合较为成功。鉴于 Altman_Z 指标与破产风险呈负相关，因此，ΔAlt_Z 值越大，破产风险越小，并购整合能力越强，因此，ΔAlt_Z 为负向指标。

此外，为检验董事会非正式层级对企业并购整合能力的影响，构建多元回归模型（6－9）：

$$\Delta Alt\_Z_{i,t} = \alpha_0 + \alpha_1 GINI_{i,t} + \sum Controls + \sum Year + \sum Ind + \varepsilon_{i,t}$$

模型（6－9）

其中，α_0 为常数项，α_1 为回归系数，Controls 是控制变量，Year 是年度虚拟变量，Ind 是行业虚拟变量，$\varepsilon_{i,t}$是误差项，i 代表企业，t 代表年度。当回归系数 α_1 大于零时，表明董事会非正式层级提升了企业并购整合能力。

对上述模型进行回归的结果如表 6－13 所示，GINI 的系数为 0.181，且通过了 10% 的显著性检验，说明董事会非正式层级提高了企业并购整合水平，对企业并购整合效果具有显著的正向影响，这为董事会非正式层级在企业并购活动中发挥的正面作用提供了进一步的经验证据。

表 6－13　　董事会非正式层级与并购整合回归结果

变量	ΔAlt_Z
GINI	0.181*
	(1.686)
SIZE	0.112***
	(4.788)
LEV	0.240*
	(1.799)
GROWTH	−0.283***
	(−6.311)
CASH	−0.378**
	(−1.997)

续表

变量	ΔAlt_Z
CFV	1.393**
	(2.224)
RET	0.137***
	(3.014)
DFL	-0.218
	(-1.310)
DHR	-0.433***
	(-3.971)
IDR	0.302
	(0.889)
DEAL	-0.021
	(-0.370)
PAYT	-0.154***
	(-3.274)
REL	0.037
	(0.840)
IND	YES
YEAR	YES
_cons	-2.399***
	(-4.141)
N	2057
Adj R^2	0.105

注：*、**、*** 分别表示 10%、5% 和 1% 的显著性水平；括号内为 T 值。

（四）董事会正式权力层级、非正式层级与并购绩效

董事会正式权力层级可能会导致较低的长期并购绩效。由于董事会正式权力层级和非正式层级的产生规律不同，二者对企业并购

决策、并购定价以及并购价值实现的影响可能会存在差异。正如前文所述，基于委托代理理论，在企业并购中存在明显的正式权力层级，即权力过于集中将会降低董事会的治理效能，在并购中产生更多的代理问题，如权力寻租型并购动机更加明显、高溢价支付促进并购交易达成等，最终难以产生良好的并购价值。因此，董事会正式权力层级越高的企业，长期并购绩效越低。

为对此进行检验，以董事会权力结构变异系数作为董事会正式权力层级（DFL）的代理变量进行回归的结果如表 6－14 的第（1）列和第（2）列所示。当以 ΔROA 为被解释变量时，DFL 的系数为－0.040，且通过了 5% 的显著性检验，当以 ΔROE 为被解释变量时，DFL 的系数为－0.054，但未能够通过显著性水平检验，该结果表示董事会正式权力层级越明显，长期并购绩效越低。第（3）列和第（4）列是以董事会非正式层级（GINI）为解释变量，控制变量中不包含董事会正式权力层级的回归结果，可以发现非正式层级越清晰的企业能够取得更高的长期并购绩效。因此，在企业并购中，董事会正式权力层级和非正式层级对长期并购绩效的影响存在差异。

表 6－14　董事会正式权力层级、非正式层级与并购绩效

变量	(1)	(2)	(3)	(4)
	ΔROA	ΔROE	ΔROA	ΔROE
DFL	－0.040**	－0.054		
	(－1.981)	(－1.370)		
GINI			0.028**	0.043*
			(2.116)	(1.685)
SIZE	－0.007**	－0.013**	－0.006**	－0.011*
	(－2.527)	(－2.322)	(－1.998)	(－1.928)

续表

变量	(1)	(2)	(3)	(4)
	ΔROA	ΔROE	ΔROA	ΔROE
LEV	0.064 ***	0.067 **	0.057 ***	0.0520
	(4.068)	(2.125)	(3.567)	(1.636)
GROWTH	-0.021 ***	-0.036 ***	-0.021 ***	-0.035 ***
	(-3.958)	(-3.457)	(-3.991)	(-3.422)
CASH	0.022	0.062	0.024	0.057
	(0.948)	(1.394)	(1.026)	(1.260)
CFV	-0.092	-0.336 **	-0.0870	-0.324 **
	(-1.256)	(-2.346)	(-1.172)	(-2.240)
RET	0.037 ***	0.075 ***	0.036 ***	0.072 ***
	(6.728)	(7.016)	(6.409)	(6.722)
DHR	-0.064 ***	-0.092 ***	-0.066 ***	-0.094 ***
	(-4.790)	(-3.507)	(-4.943)	(-3.587)
IDR	-0.026	-0.030	-0.039	-0.044
	(-0.640)	(-0.368)	(-0.942)	(-0.546)
DEAL	0.021 ***	0.033 **	0.020 ***	0.025 *
	(3.230)	(2.506)	(2.921)	(1.894)
PAYT	-0.022 ***	-0.032 ***	-0.022 ***	-0.034 ***
	(-3.800)	(-2.855)	(-3.816)	(-2.959)
REL	0.011 **	0.017	0.013 **	0.020 *
	(2.085)	(1.609)	(2.373)	(1.885)
IND	YES	YES	YES	YES
YEAR	YES	YES	YES	YES
_cons	0.141 **	0.260 *	0.079	0.172
	(2.079)	(1.943)	(1.150)	(1.269)
N	2271	2264	2213	2205
Adj R^2	0.102	0.080	0.101	0.079

注：*、**、*** 分别表示 10%、5%和 1%的显著性水平；括号内为 T 值。

（五）独立董事非正式层级与企业并购绩效

当独立董事内部存在清晰的非正式层级结构时，是否从整体上有利于独立董事团队监督和咨询职能的发挥，关系到其对企业并购经济效果的影响效应。当独立董事团队内部存在清晰的非正式层级时，会在独立董事之间建立起有效沟通的隐性机制，有利于独立董事之间对并购事项进行交流合作，整合独立董事所掌握的异质资源，从而有利于独立董事更好地履职，从而会对企业并购产生更强的促进作用，取得更好的并购经济效果。

为对上述理论分析进行验证，本章依据前文计算方法构建独立董事非正式层级衡量指标（GINI_ID），考察独立董事非正式层级对企业并购绩效的影响。独立董事非正式层级与企业并购绩效的回归结果如表6－15所示，第（1）列是以ΔROA为被解释变量的回归结果，独立董事非正式层级的系数为0.019，且在5%的水平上显著为正，第（2）列是以ΔROE为被解释变量的回归结果，GINI_ID的系数为0.031，通过了10%的显著性水平检验。该回归结果说明，清晰的独立董事非正式层级结构有助于实现更高的长期并购绩效，取得了更好的并购经济效果。

表6－15　　独立董事非正式层级与并购绩效

变量	(1)	(2)
	ΔROA	ΔROE
GINI_ID	0.019**	0.031*
	(2.176)	(1.808)
SIZE	-0.007**	-0.012**
	(-2.456)	(-2.222)
LEV	0.062***	0.058*
	(3.754)	(1.788)

续表

变量	(1)	(2)
	ΔROA	ΔROE
GROWTH	-0.021***	-0.035***
	(-3.779)	(-3.318)
CASH	0.018	0.052
	(0.750)	(1.117)
CFV	-0.117	-0.320**
	(-1.526)	(-2.161)
RET	0.037***	0.073***
	(6.445)	(6.582)
DFL	-0.049**	-0.066
	(-2.306)	(-1.607)
DHR	-0.066***	-0.096***
	(-4.712)	(-3.544)
IDR	-0.017	0.010
	(-0.394)	(0.123)
DEAL	0.019***	0.023*
	(2.767)	(1.687)
PAYT	-0.023***	-0.036***
	(-3.895)	(-3.056)
REL	0.009	0.010
	(1.577)	(0.953)
IND	YES	YES
YEAR	YES	YES
_cons	0.112	0.198
	(1.548)	(1.400)
N	2064	2058
Adj R^2	0.103	0.079

注：*、**、*** 分别表示 10%、5% 和 1% 的显著性水平；括号内为 T 值。

本章小结

本章选取并购宣告日在2008—2019年，收购方为沪深A股上市公司的并购事件作为研究样本，实证研究了董事会非正式层级对企业并购绩效的影响。现有相关研究多围绕高管薪酬与个人特征对并购绩效的影响，尚未就董事会内部运作机制、成员的动态交互视角展开研究。因此，本章系统考察了董事会非正式层级对企业并购绩效的影响效应、作用路径与影响因素，如图6-3所示。

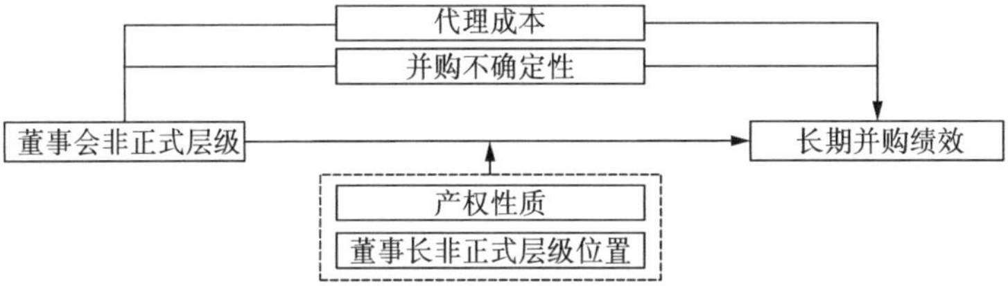

图6-3　董事会非正式层级影响企业并购绩效路径

具体来看，本章得出以下结论：

（1）董事会非正式层级提高了企业并购绩效。基于并购流程角度，董事会非正式层级对并购绩效的影响与其对并购决策、并购定价与并购整合的影响息息相关，在逻辑上一脉相承，并购决策阶段为并购绩效实现从源头上提供了保障，合理的并购定价为后续并购绩效实现提供更多的资源支持，并购整合效率为并购绩效的顺利实现提供了基础。基于直接影响视角，从信息与资源整合效应角度来看，董事会非正式层级促进并购绩效实现主要是缓解了企业并购中的并购不确定性问题；从管理者责任监督效应角度来看，董事会非正式层级促进绩效实现主要是缓解了企业并购中的代理冲突。因此，清晰的董事会非正式层级有助于实现并购价值。

（2）清晰的董事会非正式层级通过降低并购不确定性和代理成本来提高并购绩效。从信息与资源提供效率角度，清晰的董事会非正式层级能够增强董事会并购信息的获取能力，提高董事会的信息沟通效率，从而降低并购不确定性，抑制并购风险，以此来促进并购价值实现；从管理者责任监督效应角度，由于非正式层级增强了董事会的监督能力和监督，能够对管理者的并购行为作出有效监督来降低并购中的代理成本，从而取得更高并购绩效。

（3）在民营企业、董事长位于董事会非正式层级最高位置的企业中，董事会非正式层级对企业并购绩效的影响效应更加明显。在国有企业中，CEO 和董事长通常情况下由政府任命，在权力距离比较突出的中国社会中，被任命的董事成员拥有较高等级，这一等级是由董事会外部环境中的政府权力部门所赋予的，这种等级关系进入到董事会后，可能会与基于社会地位与影响力所形成的非正式层级产生冲突，非正式层级对企业并购绩效的影响可能会减弱。当董事长处于非正式层级的最高位置时，董事会非正式层级能够发挥更加明显的治理作用，对企业长期并购绩效的影响作用更强。

（4）董事会正式权力层级对企业长期并购绩效产生负向影响，独立董事非正式层级同样能够显著影响企业长期并购绩效。在企业并购中，存在大量管理者私利型并购，掌握正式权力的管理者，如CEO 与董事长两职合一，在缺乏权力制衡时，发起的并购通常以获取私有收益为动机，在并购过程中产生更加严重的代理问题，从而取得较低的并购绩效。此外，当独立董事内部存在清晰非正式层级时，有助于独立董事更好地履职，同样能够正向促进企业长期并购绩效，取得更好的并购经济效果。

本章构建的董事会非正式层级影响企业并购价值实现的完整理论框架如图 6－4 所示。

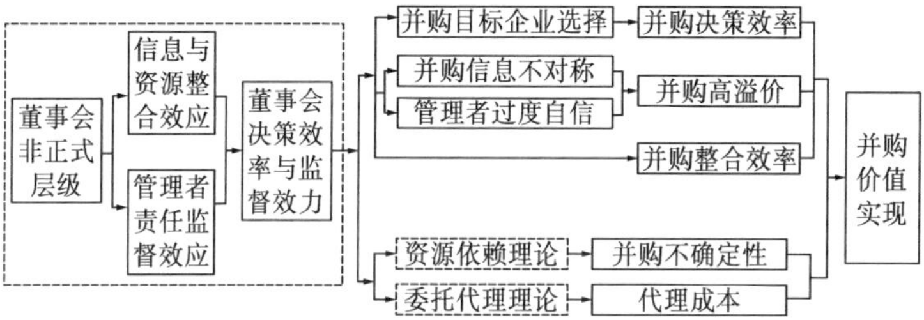

图 6－4　董事会非正式层级与企业并购价值实现整体框架

第七章 结论

第一节 研究结论与建议

通过对前文研究进行归纳与总结，得出本书的研究结论，并结合我国制度背景，提出董事会构建、优化并购行为以及提升并购效率等方面政策建议。同时，对本书的研究不足与未来的研究方向进行阐述。

一、研究结论

企业并购是资本市场的永恒话题，始终是实务界和理论界的热点问题，不仅是国家调整产业结构、优化产业组织、配置资源和实现经济高质量发展的重要途径，而且是推动上市公司继续做强做大、促进上市公司价值增长、夯实资本市场发展基础的主要渠道。在活跃的并购交易背后，不乏大量低效并购案例。董事会作为战略决策机构与公司治理核心，能够对企业并购产生深远影响。鉴于现有多数研究将董事会内部成员看作影响力和地位同质化的个体而忽视董事会成员的社会资本和社会声望带来的地位差异。本书遵循董事成员之间具有能力、社会资本和声望地位差异的实际，基于关系契约理论，突破董事会静态视角，从董事会成员动态交互视角，研究董事会非正式层级对企业并购的影响，而且本书并非选取某一阶段的并购表现为研究对象，而是将并购决策、并购定价与并购价值实现作为一个体系进行系统化研究。本书选取 2008—2019 年主并方为沪深 A 股上市公司的并购事件为研究样本，实证检验了董事会非正式层级对企业并购决策、并购定价与并购绩效的影响效应与作用机理。得出的主要得出以下结论。

（1）在企业并购中董事会非正式层级能够发挥信息与资源整合效应和管理者责任监督效应。基于资源依赖视角，董事会是一种将企业外界环境依赖和资源获取成本最小化的机制安排，董事通过提供稀缺资源获取渠道、优质信息来源通道等帮助董事会作出更好的并购决策。基于委托代理视角，股东和管理者的目标函数存在差异，管理者作为内部人会存在道德风险与逆向选择的代理问题，董事会作为公司治理结构中的一项核心制度安排，可通过发挥监督职能使管理者的战略方向与股东价值增值趋于一致。基于关系契约理论，清晰的董事会非正式层级在并购中发挥信息与资源整合效应和管理者责任监督效应。

董事会非正式层级的信息与资源整合效应。一方面，清晰的董事会非正式层级提供的互动与合作的隐性秩序促进了信息的有效流动；另一方面，清晰的董事会非正式层级促进董事将信息优势转化为信息资源并能够有效整合。由于与并购有关的决策事项十分复杂且面临着较高的不确定性，充分沟通掌握并购决策有用信息有助于实施更好的并购行为并取得较好的并购效果。

董事会非正式层级的管理者责任监督效应。若董事会内部存在明显的非正式层级，将会明显提升董事会的管理者责任监督效力，具体表现为董事会监督能力和意愿的正向提升。一方面，董事会非正式层级所提供的隐性信息交流机制能够增加信息的交流传递，增强公司信息透明度，提高董事会的监督能力，从而在并购中发挥更好的管理者责任监督效应；另一方面，董事会内部建立起清晰的非正式层级则能够提升董事会的凝聚力，从而进一步保持董事会的独立性，增加了董事成员与管理层合谋成本，强化了董事会对管理者责任的监督意愿。

（2）清晰的董事会非正式层级提高了并购决策效率。一方面，非正式层级降低了企业作出并购决策的可能性；另一方面，董事会非正式层级越清晰，企业作出的并购决策具有更好的市场反应，在并购宣告日窗口期获取了更高的累计超额收益率。可以发现，当董事会内部形成清晰的非正式层级结构时，作出的企业并购决策表现为“数量少、质量高”的特点，在一定程度上提高了企业并购决策效率。究其原因，在并购项目选择阶段，清晰的董事会非正式层级减少了无效并购项目，降低了管理层自利型并购项目。董事会非正式层级对企业并购决策效率的提升作用在环境不确定性较高、股权结构较为分散的企业中更加明显。此外，针对独立董事的进一步研究发现，非正式层级虽然对并购倾向没有产生显著的影响，但却能够为并购决策带来显著的正向短期财富效应。

（3）清晰的董事会非正式层级能够有效缓解企业并购“高溢价”问题。在并购实践中，并购交易定价阶段的突出问题表现为“高溢价”，“高溢价”严重阻碍企业并购协同效应的实现。本书针对并购定价阶段的这一问题进行重点研究后发现，董事会非正式层级越清晰，企业并购产生的不合理溢价越低。机制检验发现，降低企业管理层过度自信和降低并购活动中的信息不对称是董事会非正式层级影响企业并购定价的两条作用路径。本书的研究还发现，在国有企业和 CEO 处于非正式层级最高位置的企业中，董事会非正式层级对企业并购不合理溢价的负向影响被削弱。此外，由于并购定价和独董职能发挥等问题的复杂性，仅就独立董事来看，其非正式层级结构并未显著影响企业并购“高溢价”。

（4）董事会非正式层级结构清晰的企业发起的并购能够取得更高的长期并购绩效。董事会非正式层级提高了企业并购绩效，并购绩效是企业并购后进行有效整合实现价值增值的体现，在前述并购决策和并购定价阶段，清晰的董事会非正式层级结构均发挥了正面效应，从这一角度来看，董事会非正式层级能够正面影响企业并购绩效。本书研究发现，董事会非正式层级增加了企业并购整合效果，增强了企业并购绩效。作用机制检验发现，董事会非正式层级通过降低管理层代理成本、降低并购不确定性这两条路径来提高并购绩效，验证了董事会非正式层级在企业并购中发挥的信息与资源整合机制和管理者责任监督机制。本书的研究还发现，在非国有企业和董事长处于非正式层级最高位置的企业中，董事会非正式层级提高企业并购绩效的效果更加明显。此外，当独立董事群体内部存在清晰非正式层级时，能够对提升企业长期并购绩效产生促进作用。

（5）董事会正式权力层级对企业并购产生负面影响。董事会层级对企业并购的影响需要结合并购特征来考察，对企业并购产生何种影响取决于非正式层级与正式权力层级是否能够对企业并购中突出的代理问题进行有效治理。正式权力层级越明显，董事长或 CEO 拥有更多的正式权力的同时缺乏权力制衡，不同于关系契约理论下非正式层级发挥的作用，在正式权力层级愈加明显的企业中，权力寻租的私利并购动机将会更加明显，导致企业做了更多的并购活动、支付更多的溢价、损害了并购绩效。

综上所述，董事会非正式层级能够在企业并购中发挥治理作用，提高并购决策、并购定价以及并购整合的效率，推动企业实现“源头治理—事中控制—事后完善”的并购治理体系，从而促进企业并购获取更高的价值。

二、政策建议

本书的研究结论对企业优化董事会结构，优化企业并购行为及其效果具有借鉴意义。首先，本书认为管理者应当正确认识董事会非正式层级在董事会运行中发挥的作用，由于非正式层级能够为董事会内部提供一种隐性的有序沟通交流机制，能够提升董事会的决策效率，故而在董事会内部可塑造适当的非正式层级结构，同时注意非正式层级中高位董事的特征。其次，本书研究发现非正式层级在企业并购中能够发挥管理者责任监督效应和信息与资源整合效应，这两种效应能够促进企业作出更好的并购决策、合理定价并取得较好的并购绩效，因此在企业在并购活动中可以利用非正式层级带来的正面效应。再次，推动企业实现并购“全流程”治理策略，在并购决策、谈判与定价、整合与价值实现等阶段实现全流程治理，促进董事在并购的整个过程中更好地履职，从而提高对企业并购的综合治理水平。最后，由于管理层自利型并购动机降低了并购效率，除进行全流程治理之外，建立并购追责制度，防止并购中存在的权力寻租、利益输送等损害并购经济效果的行为。

主要政策建议如下：

（一）正确认识董事会非正式层级在董事会运行过程中的作用

建立决策协调机制是提高董事会治理效率的关键。由于董事会非正式层级引入了关系治理，为董事会内部交流与合作提供了隐性秩序，对董事会运行发挥的作用不可忽视。董事会非正式层级是依据成员能力和影响力差异而形成的一种非正式的等级结构，该等级结构为董事履职提供了清晰的目标和方向，有利于成员之间的互动，产生了一种引导内部交流合作的隐性秩序。董事会在制度上是一个开放型的团队，决策的事件大多缺乏清晰的定义，具有一定的复杂性和模糊性，难以通过正式程序与规则（正式层级）实现完全的规范化，然而，清晰的董事会非正式关系能够加强董事互动与沟通，避免冲突、加强合作，即董事间的非正式关系能够在董事会内部产生一种隐性的沟通协调机制，提升董事会对决策事件的理解能力，作出更好的决策，提高董事会运行效率。

在实践中，董事会提名委员会选取董事成员通常倾向于声望高的成员，然而，全都由声望和地位高的成员组成的董事会群体并不一定能够提高企业并购决策效率与经济效果，企业应当正视董事会群体中的非正式层级，且重视非正式层级对企业并购的潜在影响。企业在董事会内部可引入影响力高的董事，并注重董事成员之间相对地位差异变化，打造个人地位和权威差异化的董事会团队，在选聘董事成员时，有意识地建立起非正式层级结构，为董事会内部交流提供清晰的引导方向，提升董事会决策效率和治理效力，促进企业并购价值实现。

（二）塑造适当的董事会非正式层级并注重其微观结构

非正式层级的微观结构影响非正式层级作用的发挥，本书研究发现当CEO处于董事会非正式层级最高位时，对企业并购定价带来的不利影响，难以有效抑制并购中管理层代理问题，而当董事长处于董事会非正式层级最高位时能够更加有效地发挥非正式层级对企业并购价值获取的促进作用。CEO处在非正式层级最高位时，代表着CEO在董事会中具有最高的地位和权威，能够在很大程度上通过非正式制度干预董事会决策，非正式层级的关系治理很难发挥有效作用，影响董事会对CEO监督职能的发挥，非正式层级对并购的影响效应被削弱；董事长处在非正式层级最高位时将具有更强的影响力和号召力，能够更加有效地引导董事会内部的信息沟通与交流，畅通成员之间的互动渠道，引导董事会成员专注于有价值的交流互动，实现组织目标，当董事长处于非正式层级的最高位置时，董事会非正式层级能够发挥更加明显的治理作用，对企业并购绩效的正向影响作用更强，由此可见，董事长的非正式层级位置产生了重要影响，这凸显了董事长人选的重要性。因此，为尽可能发挥董事会非正式层级对企业创新的正面影响，应当优化非正式层级微观结构，塑造起合理的董事会非正式层级。

（三）发挥董事会非正式层级在企业并购中的作用

以获取并购协同价值为动机的企业并购是增强企业核心竞争力、实现跨越式发展的重要途径。但是，现有研究发现大部分的并购都是失败的，并未创造并购价值。一是委托代理理论认为股东和管理层的目标函数存在差异，作为内部人的管理者在公司决策中有追求自身利益最大化的私利动机，产生了昂贵的代理成本。基于该理论框架，在企业并购活动中，管理者可能会发起净现值为负的并购项目来攫取股东利益，也可能会因风险厌恶而放弃净现值为正的并购项目导致错失并购良机。二是在企业并购项目选择、并购定价谈判以及并购后整合的诸多过程中，均面临着许多的不确定性，这些不确定性增加了未来取得良好并购绩效的风险和难度。清晰的非正式层级结构一方面能够强化董事会的监督效力来降低代理冲突从而促进更好实现并购绩效，另一方面能够激励董事更好地履职，将信息优势转化为信息资源，在并购执行过程中获取更多的资源支持，降低并购中的不确定性。因此，企业要善于运用董事会非正式层级获取更高的并购价值，取得更高的并购经济效益，从董事会内部结构层面找到并购成功悖论、损益之谜等传统并购困境的缓解路径。

（四）制定优化企业并购价值实现的“全流程”治理策略

推动企业实现并购“全流程”治理策略，促进企业获取更高的并购绩效。获取并购价值增值是并购活动的最终目的，也是并购成功的标志。取得更好的并购绩效并非仅仅关系到并购后价值实现，而是与并购流程息息相关的，即从最初进行并购项目选择并作出并购决策、进行并购交易并支付并购对价到并购后的整合等均关系到并购绩效。董事会非正式层级在并购项目选择阶段过滤掉了低效甚至无效的并购项目，提高了并购决策效率，这为后续实现并购绩效从源头上提供了保障。董事会非正式层级在并购定价阶段抑制了不合理的高溢价，节约了并购成本，为后续并购绩效实现提供更多的资源支持。董事会非正式层级提高了企业并购整合能力，有利于更好实现并购绩效。并购绩效实现与并购决策、并购定价与并购整合息息相关，在逻辑上一脉相承，并购决策阶段为并购绩效实现从源头上提供了保障，合理的并购定价为后续并购价值实现提供更多的资源支持，并购整合效率为并购价值的顺利实现提供了基础。因此，企业为获取更高的并购绩效，不能脱离并购流程而孤立地展开，须将并购各个阶段作为一个联系紧密的整体来进行管理与控制，推动企业实现源头治理—事中控制—事后完善的“全流程”并购治理体系。如图 7 - 1 所示。

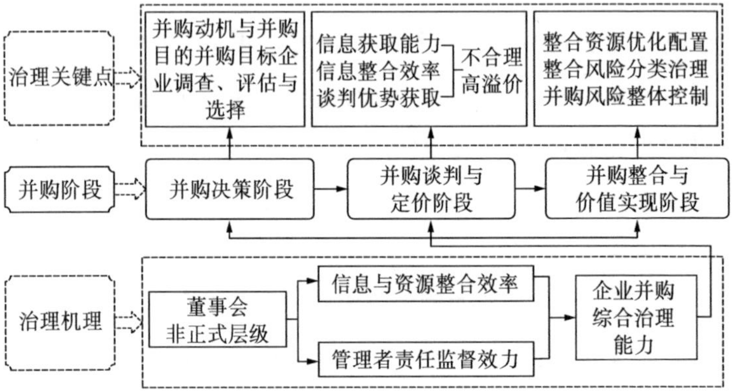

图 7 - 1　并购价值实现的“全流程”治理策略

在并购决策阶段，首先要明确并购动机与并购目的，企业并购动机要与企业的发展战略相匹配，围绕企业战略来谋划布局。但实践中，多数并购并未与企业发展战略相匹配，最终导致高价收购的资产被剥离，或者实施了以实现私有收益、权力寻租为动机的并购，最终损害了企业利益。其次要确定并购目标企业，并对其展开详尽调查、评估，比较收购方与目标方之间的优势与劣势，实现并购后的资源优化配置，发挥强互补效应，杜绝盲目进行无效和低效并购决策的发生。

并购谈判与定价阶段，要解决的主要问题就是严防“高溢价”的过度定价问题。一方面要充分获取信息，采取多种手段对并购目标作出详细的了解，破除收购方处于信息劣势方的困境，降低并购双方的信息不对称，在谈判中获取谈判优势，从而争取合理定价。

另一方面要从行为经济学角度关注管理者在并购中的自负心理特征，避免过分高估自身能力的同时低估并购风险，同时提高对管理者自利动机产生的过度定价的治理能力。若在并购定价阶段进行了过度支付，产生商誉“泡沫”，并购后的整合将会面临资源约束问题，既不利于并购价值创造也不利于企业经营业绩提升。

并购整合与价值实现阶段，要十分注重并购整合效率，并购交易完成并非并购的终点，并购后的成功整合才是获取并购价值的关键。一是要注重整合资源的优化配置，推进专业化的整合，实现并购双方的协同发展。二是注重整合风险的分类治理，整合风险具体可以分为战略整合、文化整合、组织整合、人力资源整合、财务整合和业务流程整合风险这六类，分类治理的基本思路就是针对这些不同类型的风险分别构建识别、预警与治理机制来分而治之。综上，实现并购价值增值更要通过强化董事会职能来降低并购风险和代理问题，提高对企业并购的综合治理能力。

综上所述，要在董事会内部建立起决策协调机制，在企业并购中更好发挥董事的咨询和监督职能，有意识地在董事会内部塑造非正式的权力层级，并关注正式权力层级对企业并购带来的负面作用，促进董事在并购的整个过程中更好地履职，从而提高对企业并购的综合治理水平，并推动企业针对并购行为制定科学有效的“源头治理—事中控制—事后完善”的“全流程”治理策略。

（五）建立并购追责制度防止并购利益输送行为

并购重组已经成为上市公司高质量发展的重要实现路径，同时并购重组也上升到了国家战略层面。但在现实中，受到代理问题和政府干预等因素的影响，“自利型并购”“套利型并购”“政府干预型并购”等普遍存在，这导致并购成为利益输送的手段，严重影响了并购价值增值，既损害了上市公司的高质量发展，又不利于我国经济的健康发展。本书研究发现，董事会非正式层级结构越清晰，企业并购的表现越好，经济效益越高，上市公司应当重视非正式层级在企业并购中的作用并加以合理运用，以此达到更好的并购效果。非正式层级之所以能够在并购中发挥良好的治理效应，其中的关键在于对管理者责任的监督。

为提升企业并购经济效率，除了需要进行制度改革、加强政府监管、提高公司治理水平之外，还应当有针对性地完善并购追责制度。例如，企业管理者是否按照规定进行并购尽职调查、是否进行充分的风险分析、是否并购工作中存在疏漏等情形，尤其是在并购中存在的腐败问题、为了满足自身利益进行的并购寻租行为等进行追责，建立有效的并购追责制度对规范企业并购行为具有实际意义。尤其是在董事会正式权力层级明显的企业中，更要加强对企业并购行为的治理有效性，建立并购追责制度，缓解并购代理问题从而取得更好的并购经济效果，防止并购中存在的权力寻租、利益输送等行为。

第二节　研究局限与展望

一、研究局限

第一，研究对象方面，囿于数据的可获得性，只针对主并方进行了研究。由于上市公司壳资源缺乏，我国企业在进行并购时的并购标的通常是非上市公司，非上市公司不强制要求进行财务信息披露，其信息较难获取。因此，本书的研究未涉及被并方企业，也没有在控制变量中加入目标企业的治理特征变量和财务特征变量。

第二，董事会非正式层级指标设计方面，影响力和地位感知较为抽象，对其进行准确衡量一直是治理领域研究的难点。董事会非正式层级反映的是董事会各成员之间的声望和影响力的等级差异，最为理想化的方式是依据调查问卷来调查每一位董事会成员对本公司董事会成员在董事会内部的影响力进行打分，但该方法需要每位被调查董事的有效回复，执行成本较高、可行性较差。因此，本书参考了现有文献的思路，利用社会资本来衡量声望和地位，并确定其等级排序程度来衡量非正式层级。未来将会开发更加精确的衡量指标。此外，非正式层级与正式层级之间会存在某种程度的交叉，本书将董事会正式权力层级作为控制变量。

第三，内生性问题的处理方面，本书使用倾向得分匹配法（PSM）以及 Heckman 两阶段模型的方法来解决可能存在的内生性问题，但内生性问题仍然无法完全避免，希望能够找到更好的解决内生性的方法，使结论更加稳健。

二、未来展望

本书从董事成员之间的动态交互视角，基于并购决策、并购定价与并购绩效这三个关键并购阶段，研究了非正式层级结构对企业并购的影响效应，得出了清晰的非正式层级能够提高决策效率、降低并购高溢价、促进并购价值实现的主要结论。本书的研究能够为优化董事会结构和提升并购效率提供参考和借鉴。未来可以从以下几个方面进一步研究。

第一，不仅考察董事会正式层级和董事会非正式层级对企业并购影响的差异，而且要将二者纳入同一研究框架做细做实，分析各自的路径依赖与作用边界，构建“董事会双元治理”模型，实现二者协同治理，从而在复杂的并购情境中作出有效决策，取得更高并购价值。

第二，将董事会断裂带与非正式层级相结合研究其对并购的影响。从董事会内部结构特征来看，非正式层级是由权威特征聚合形成的纵向整合机制，因此董事会非正式层级对企业并购的影响还会受到由董事会成员认知特征分化形成的水平差异的影响，这种水平差异称为董事会断层或董事会断裂带。断裂带由于多个子群体的存在会带来董事会“冲突效应”，信息和资源得不到充分交流，从而降低董事会整体的运行效率。而董事会非正式层级作为一种差异整合机制能够增加对成员意见冲突的协调性。因此，可以将董事会断裂带与非正式层级相结合研究其对并购的影响。

第三，探讨董事会非正式层级对企业并购决策带来的负面效应。董事会非正式层级在加强管理者责任监督效应同时，可能会带来董事会内部监督制衡的缺失，从而增加第二类代理冲突，为并购决策带来一系列负面影响。由于公司股东尤其是大股东对董事选聘具有较大的决定权，如果位于董事会非正式层级最高位置的董事来自大股东或控股股东，那么在并购决策中该股东将会追求其所代表的股东利益最大化，这将会促成损害中小股东利益的并购事件发生。当董事会内部非正式层级明显时，高位董事有更多的话语权，其意见和建议能够得到更多的关注，低层级董事将会给予更多的支持，有助于其意见和建议的达成，即董事会内部的监督制衡程度被弱化。因此，董事会非正式层级清晰的企业中，可能会做出更多大股东利益攫取型的并购决策。

第四，进一步深化企业并购研究，可考察董事会非正式层级如何影响连续并购、独董提出异议的并购项目等，是否聘请了更好的中介机构和咨询机构等。

参考文献

[1] 蔡宁. 文化差异会影响并购绩效吗——基于方言视角的研究 [J]. 会计研究, 2019 (07): 43-50.

[2] 蔡庆丰, 陈熠辉. 开发区层级与域内企业并购 [J]. 中国工业经济, 2020 (06): 118-136.

[3] 蔡庆丰, 田霖. 产业政策与企业跨行业并购: 市场导向还是政策套利 [J]. 中国工业经济, 2019 (01): 81-99.

[4] 曾春华, 章翔, 胡国柳. 高溢价并购与股价崩盘风险: 代理冲突抑或过度自信? [J]. 商业研究, 2017 (06): 124-130.

[5] 曾江洪, 何苹. 国有上市公司董事会非正式层级与财务绩效关系的研究 [J]. 财务与金融, 2014 (06): 78-82.

[6] 曾江洪, 肖涛. 董事会非正式层级、技术董事与技术创新绩效 [J]. 科技与经济, 2015, 28 (03): 1-5.

[7] 曾宪聚, 陈霖, 严江兵, 等. 高管从军经历对

并购溢价的影响：烙印—环境匹配的视角［J］. 外国经济与管理，2020，42（09）：94－106.

［8］陈仕华，姜广省，卢昌崇．董事联结、目标公司选择与并购绩效——基于并购双方之间信息不对称的研究视角［J］. 管理世界，2013（12）：117－132.

［9］陈仕华，李维安．并购溢价决策中的锚定效应研究［J］. 经济研究，2016，51（06）：114－127.

［10］陈仕华，卢昌崇．企业间高管联结与并购溢价决策——基于组织间模仿理论的实证研究［J］. 管理世界，2013（05）：144－156.

［11］陈仕华，张瑞彬．董事会非正式层级对董事异议的影响［J］. 管理世界，2020，36（10）：95－111.

［12］翟玲玲，吴育辉．信用评级的融资与监督效应——来自企业并购的证据［J］. 南开管理评论，2021，24（01）：27－38.

［13］杜兴强，殷敬伟，赖少娟．论资排辈、CEO任期与独立董事的异议行为［J］. 中国工业经济，2017（12）：151－169.

［14］方军雄．政府干预、所有权性质与企业并购［J］. 管理世界，2008（09）：118－123.

［15］葛结根．并购对目标上市公司融资约束的缓解效应［J］. 会计研究，2017（08）：68－73.

［16］何瑛，马添翼．董事会非正式层级与企业并购绩效［J］．审计与经济研究，2021，36（02）：74－84.

［17］胡凡，李科．股价高估与商誉减值风险［J］．财经研究，2019，45（06）：71－85.

［18］黄本多，干胜道．自由现金流量、并购溢价与我国上市公司并购绩效的实证研究［J］．华东经济管理，2009，23（04）：139－143.

［19］黄灿，俞勇，郑鸿．经济政策不确定性与企业并购：中国的逻辑［J］．财贸经济，2020，41（08）：95－109.

［20］黄福广，王贤龙，田利辉，等．标的企业风险资本、协同效应和上市公司并购绩效［J］．南开管理评论，2020，23（04）：96－106.

［21］黄坤，张昕竹．可口可乐拟并购汇源案的竞争损害分析［J］．中国工业经济，2010（12）：86－96.

［22］黄维娜，袁天荣．实质性转型升级还是策略性政策套利——绿色产业政策对工业企业绿色并购的影响［J］．山西财经大学学报，2021，43（03）：56－67.

［23］黄岩，刘淑莲．关联并购与大股东利益输送［J］．兰州商学院学报，2013，29（02）：106－113.

［24］蒋殿春，唐浩丹．数字型跨国并购：特征及驱动力［J］．财贸经济，2021，42（09）：129－144.

[25] 蓝发钦，蔡娜婷. 经济政策不确定性与企业并购 [J]. 上海金融，2019 (10)：19 - 27.

[26] 黎文飞，郭惠武，唐清泉. 产业集群、信息传递与并购价值创造 [J]. 财经研究，2016，42 (01)：123 - 133.

[27] 李彬，潘爱玲. 税收诱导、战略异质性与公司并购 [J]. 南开管理评论，2015，18 (06)：125 - 135.

[28] 李广众，朱佳青，李杰，等. 经理人相对绩效评价与企业并购行为：理论与实证 [J]. 经济研究，2020，55 (03)：65 - 82.

[29] 李济含，刘淑莲. 混合所有制、非国有大股东治理与国有企业并购效率 [J]. 审计与经济研究，2021，36 (04)：69 - 79.

[30] 李路，贺宇倩，汤晓燕. 文化差异、方言特征与企业并购 [J]. 财经研究，2018，44 (06)：140 - 152.

[31] 李路，肖土盛，贺宇倩，等. 收购方管理层语言经历、文化整合与并购绩效 [J]. 会计研究，2020 (02)：90 - 100.

[32] 李敏，李良智. 关系治理研究述评 [J]. 当代财经，2012 (12)：86 - 91.

[33] 李善民，黄灿，史欣向. 信息优势对企业并购的影响——基于社会网络的视角 [J]. 中国工业经济，

2015 (11): 141 -155.

[34] 李善民，黄志宏，郭菁晶．资本市场定价对企业并购行为的影响研究——来自中国上市公司的证据[J]．经济研究，2020，55 (07): 41 -57.

[35] 李善民，朱滔．多元化并购能给股东创造价值吗？——兼论影响多元化并购长期绩效的因素［J］．管理世界，2006 (03): 129 -137.

[36] 李维安，刘振杰，顾亮．董事会异质性、断裂带与跨国并购［J］．管理科学，2014，27 (04): 1 -11.

[37] 李晓溪，杨国超，饶品贵．交易所问询函有监管作用吗？——基于并购重组报告书的文本分析［J］．经济研究，2019，54 (05): 181 -198.

[38] 李曜，宋贺．风险投资支持的上市公司并购绩效及其影响机制研究［J］．会计研究，2017 (06): 60 -66.

[39] 李增泉，余谦，王晓坤．掏空、支持与并购重组——来自我国上市公司的经验证据［J］．经济研究，2005 (01): 95 -105.

[40] 李长娥，谢永珍．董事会权力层级、创新战略与民营企业成长［J］．外国经济与管理，2017，39 (12): 70 -83.

[41] 廖珂，谢德仁，张新一．控股股东股权质押与上市公司并购——基于市值管理的视角［J］．会计研究，

2020 (10): 97 - 111.

[42] 刘白璐，吕长江. 基于长期价值导向的并购行为研究——以我国家族企业为证据 [J]. 会计研究，2018 (06): 47 - 53.

[43] 刘衡，袁天荣. 管理者能力、经济政策不确定性与并购商誉 [J]. 现代财经（天津财经大学学报），2021, 41 (08): 96 - 113.

[44] 刘健，刘春林. 不确定性下关联股东网络的并购经验与并购绩效研究 [J]. 南开管理评论，2016, 19 (03): 4 - 17.

[45] 刘莉亚，何彦林，杨金强. 生产率与企业并购：基于中国宏观层面的分析 [J]. 经济研究，2016, 51 (03): 123 - 136.

[46] 刘睿智，刘志恒，胥朝阳. 主并企业会计信息可比性与股东长期财富效应 [J]. 会计研究，2015 (11): 34 - 40.

[47] 柳建华，徐婷婷，杨祯奕. 管理层能力、长期激励与商誉减值 [J]. 会计研究，2021 (05): 41 - 54.

[48] 逯东，黄丹，杨丹. 国有企业非实际控制人的董事会权力与并购效率 [J]. 管理世界，2019, 35 (06): 119 - 141.

[49] 马东山，王萃芳，张胜强. 独立董事非正式层级影响审计师选择吗 [J]. 广东财经大学学报，2020,

35（03）：84 -97.

［50］马慧．共同分析师与公司并购——基于券商上市的准自然实验证据［J］．财经研究，2019，45（02）：113 -125.

［51］Penrose E. T.，赵晓．企业成长理论［M］．上海：上海三联书店、上海人民出版社，2007.

［52］潘爱玲，刘文楷，王雪．管理者过度自信、债务容量与并购溢价［J］．南开管理评论，2018，21（03）：35 -45.

［53］潘爱玲，刘昕，吴倩．跨所有制并购、制度环境与民营企业债务融资成本［J］．会计研究，2019（05）：3 -10.

［54］潘爱玲，王淋淋．产权属性、政治关联与文化企业并购绩效［J］．华中师范大学学报（人文社会科学版），2015，54（03）：89 -100.

［55］潘爱玲，吴倩，李京伟．高管薪酬外部公平性、机构投资者与并购溢价［J］．南开管理评论，2021，24（01）：39 -49.

［56］潘红波，饶晓琼，张哲．并购套利观：来自内部人减持的经验证据［J］．经济管理，2019，41（03）：107 -123.

［57］潘红波，夏新平，余明桂．政府干预、政治关联与地方国有企业并购［J］．经济研究，2008（04）：

41 - 52.

[58] 邱金龙，潘爱玲，吴倩，等．产业政策影响了衰退期企业的并购决策吗？[J]．审计与经济研究，2020，35（06）：95 - 104.

[59] 任力，何苏燕．并购溢价对股权质押时机选择影响的经验研究[J]．会计研究，2020（06）：93 - 107.

[60] 申慧慧．环境不确定性对盈余管理的影响[J]．审计研究，2010（01）：89 - 96.

[61] 施继坤，刘淑莲，张广宝．管理层缘何频繁发起并购：过度自信抑或私利[J]．华东经济管理，2014，28（12）：84 - 90.

[62] 宋贺，段军山．财务顾问与企业并购绩效[J]．中国工业经济，2019（05）：155 - 173.

[63] 孙甲奎，肖星．独立董事投行经历与上市公司并购行为及其效应研究——来自中国市场的证据[J]．会计研究，2019（10）：64 - 70.

[64] 孙淑伟，何贤杰，赵瑞光，等．中国企业海外并购溢价研究[J]．南开管理评论，2017，20（03）：77 - 89.

[65] 唐兵，田留文，曹锦周．企业并购如何创造价值——基于东航和上航并购重组案例研究[J]．管理世界，2012（11）：1 - 8.

[66] 田高良，韩洁，李留闯．连锁董事与并购绩效——来自中国A股上市公司的经验证据［J］．南开管理评论，2013，16（06）：112－122.

[67] 佟岩，王茜，曾韵，等．并购动因、融资决策与主并方创新产出［J］．会计研究，2020（05）：104－116.

[68] 万良勇，梁婵娟，饶静．上市公司并购决策的行业同群效应研究［J］．南开管理评论，2016，19（3）：40－50.

[69] 万良勇，郑小玲．董事网络的结构洞特征与公司并购［J］．会计研究，2014（05）：67－72.

[70] 王陈豪，王轶，李红波．宗族文化与企业并购收益［J］．会计研究，2020（02）：101－116.

[71] 王佳星，刘淑莲．专用资产、财务困境与并购标的概率［J］．会计研究，2020（03）：95－109.

[72] 王凯，常维．董事会非正式层级如何影响公司战略变革？［J］．首都经济贸易大学学报，2018，20（03）：87－94.

[73] 王姝勋，董艳．期权激励与企业并购行为［J］．金融研究，2020（3）：169－188.

[74] 王文姣，傅超，傅代国．并购商誉是否为股价崩盘的事前信号？——基于会计功能和金融安全视角［J］．财经研究，2017，43（09）：76－87.

[75] 王晓亮，邓可斌. 董事会非正式层级会提升资本结构决策效率吗 [J]. 会计研究，2020 (08)：77 - 90.

[76] 王晓颖，贾银华，马真真. 避免煮熟的鸭子飞走：CEO 家族属性、伪禀赋效应与并购溢价 [J]. 外国经济与管理，2021，43 (06)：74 - 89.

[77] 王艳，何竺虔，汪寿阳. 民营企业并购的协同效应可以实现吗？[J]. 会计研究，2020 (07)：64 - 77.

[78] 王艳，阚铄. 企业文化与并购绩效 [J]. 管理世界，2014 (11)：146 - 157.

[79] 卫旭华，刘咏梅，岳柳青. 高管团队权力不平等对企业创新强度的影响——有调节的中介效应 [J]. 南开管理评论，2015，18 (03)：24 - 33.

[80] 魏志华，朱彩云. 超额商誉是否成为企业经营负担——基于产品市场竞争能力视角的解释 [J]. 中国工业经济，2019 (11)：174 - 192.

[81] 温日光. 谁要求更高的并购溢价？基于国家集体主义的视角 [J]. 会计研究，2017 (09)：55 - 61.

[82] 温忠麟，张雷，侯杰泰，等. 中介效应检验程序及其应用 [J]. 心理学报，2004 (05)：614 - 620.

[83] 吴昊洋. 董事联结对企业并购影响的研究 [D]. 长春：吉林大学，2017.

[84] 武立东，江津，王凯．董事会成员地位差异、环境不确定性与企业投资行为［J］．管理科学，2016，29（02）：52－65.

[85] 武立东，薛坤坤，王凯．非正式层级对董事会决策过程的影响：政治行为还是程序理性［J］．管理世界，2018，34（11）：80－92.

[86] 谢永珍，张雅萌，吴龙吟，等．董事地位差异、决策行为强度对民营上市公司财务绩效的影响研究［J］．管理学报，2017，14（12）：1767－1776.

[87] 谢永珍，张雅萌，张慧，等．董事会正式、非正式结构对董事会会议频率的影响——非正式沟通对董事会行为强度的调节作用［J］．外国经济与管理，2015，4（37）：15－28.

[88] 徐虹，林钟高，芮晨．产品市场竞争、资产专用性与上市公司横向并购［J］．南开管理评论，2015，18（03）：48－59.

[89] 徐经长，何乐伟，杨俊华．创新是公司并购的驱动因素吗——来自中国上市公司的经验证据［J］．会计研究，2020（12）：29－42.

[90] 徐莉萍，关月琴，辛宇．控股股东股权质押与并购业绩承诺——基于市值管理视角的经验证据［J］．中国工业经济，2021（01）：136－154.

[91] 薛坤坤，武立东，王凯．董事会非正式层级如

何影响企业创新？——来自我国上市公司的经验证据 [J]. 预测，2021，40 (03)：25－31.

[92] 晏国菀，谢光华. 董事联结、董事会职能与并购绩效 [J]. 科研管理，2017，38 (09)：106－115.

[93] 杨超，谢志华，宋迪. 业绩承诺协议设置、私募股权与上市公司并购绩效 [J]. 南开管理评论，2018，21 (06)：198－209.

[94] 杨继彬，李善民，杨国超，等. 省际双边信任与资本跨区域流动——基于企业异地并购的视角 [J]. 经济研究，2021，56 (04)：41－59.

[95] 杨威，宋敏，冯科. 并购商誉、投资者过度反应与股价泡沫及崩盘 [J]. 中国工业经济，2018 (06)：156－173.

[96] 袁天荣，杨宝. 海外并购整合风险控制框架研究 [J]. 中南财经政法大学学报，2013 (02)：129－135.

[97] 袁天荣，杨宝. 企业海外并购整合风险机理：诱因、衍化与治理 [J]. 海南大学学报（人文社会科学版），2014，32 (03)：91－97.

[98] 张丽敏，靳庆鲁，张佩佩. IPO 成长性管理与公司并购——基于创业板上市公司的证据 [J]. 财经研究，2020，46 (06)：125－139.

[99] 张洽，袁天荣. CEO 权力、私有收益与并购动

因——基于我国上市公司的实证研究［J］. 财经研究，2013，39（04）：101－110.

［100］张洽，袁天荣. CEO 校友关系会影响并购决策与并购效果吗［J］. 上海财经大学学报，2020，22（03）：82－96.

［101］张洽. CEO 薪酬、权力寻租与并购绩效——基于我国上市公司的实证分析［J］. 中南财经政法大学学报，2013（05）：115－122.

［102］张维今，李凯，王淑梅. CEO 权力的调节作用下董事会资本对公司创新的内在机制影响研究［J］. 管理评论，2018，30（04）：70－82.

［103］张文珂，张芳芳，刘淑莲. 企业信息风险如何引致市场资源配置活动？——基于并购重组的视角［J］. 会计研究，2017（11）：72－78.

［104］张先治，杜春明. 管理层能力与并购过程价值创造［J］. 财经问题研究，2020（12）：78－88.

［105］张新. 并购重组是否创造价值？——中国证券市场的理论与实证研究［J］. 经济研究，2003（06）：20－29.

［106］张新民，卿琛，杨道广. 商誉减值披露、内部控制与市场反应——来自我国上市公司的经验证据［J］. 会计研究，2020（05）：3－16.

［107］张新民，祝继高. 经营资产结构影响高商誉

企业的市场价值吗——基于A股上市公司的实证研究[J]. 南开管理评论，2019，22（02）：114-127.

[108] 张学勇，柳依依，罗丹，等. 创新能力对上市公司并购业绩的影响[J]. 金融研究，2017（03）：159-175.

[109] 张耀伟，陈世山，曹甜甜. 董事会断层与差异整合机制对投资决策质量的联合效应研究[J]. 南开管理评论，2021，24（02）：94-107.

[110] 张耀伟，陈世山，李维安. 董事会非正式层级的绩效效应及其影响机制研究[J]. 管理科学，2015，28（01）：1-17.

[111] 张耀伟，陈世山，刘思琪. 董事会非正式层级与高管薪酬契约有效性[J]. 管理工程学报，2020，34（03）：83-96.

[112] 张莹，陈艳. CEO声誉与企业并购溢价研究[J]. 现代财经（天津财经大学学报），2020，40（04）：64-81.

[113] 赵国宇. 控制权获取、CEO变更与合谋掏空——基于上市公司并购事件的研究[J]. 证券市场导报，2017（06）：30-35.

[114] 赵乐，王琨. 高管团队内部网络与并购绩效[J]. 金融研究，2020（11）：170-187.

[115] 赵璐，李昕. 目标方信息质量、并购溢价与

交易终止 [J]. 当代经济研究, 2018 (11): 81 -88.

[116] 周菊, 陈欣. 并购重组支付方式与并购溢价——基于交易成本与信息不对称的解释 [J]. 投资研究, 2019, 38 (12): 81 -93.

[117] 周绍妮, 张秋生, 胡立新. 机构投资者持股能提升国企并购绩效吗? ——兼论中国机构投资者的异质性 [J]. 会计研究, 2017 (06): 67 -74.

[118] 周泽将, 胡刘芬, 马静, 等. 商誉与企业风险承担 [J]. 会计研究, 2019 (07): 21 -26.

[119] 周中胜, 贺超, 韩燕兰. 高管海外经历与企业并购绩效: 基于海归高管跨文化整合优势的视角 [J]. 会计研究, 2020 (08): 64 -76.

[120] 朱冰. 《劳动合同法》和公司并购绩效——基于双重差分模型的实证检验 [J]. 会计研究, 2020 (06): 108 -133.

[121] AHERN K, DAMINELLI D, FRACASSI C. Lost in Translation? The Effect of Cultural Values on Mergers around the World [J]. Journal of Financial Economics, 2015, 117 (1): 165 -189.

[122] AKTAS N, DE B E, ROLL R. MicroHoo: Deal Failure, Industry Rivalry, and Sources of Overbidding [J]. Journal of Corporate Finance, 2013, 19 (C): 20 -35.

[123] ALEXANDRE M. Pay, Reference Points, and

Police Performance [J]. The Quarterly Journal of Economics, 2006, 121 (3): 783 - 821.

[124] BAE S C, SAKTHIVEL S. An Empirical Analysis of Exchange Ratio Determination Models for Merger: A Note [J]. Journal of Business Finance & Accounting, 2010, 27 (3&4): 511 - 521.

[125] BANKER R D, CHANG H, CUNNINGHAM R. The Public Accounting Industry Production Function [J]. Journal of Accounting & Economics, 2003, 35 (2): 255 - 281.

[126] BAO J, EDMANS A. Do Investment Banks Matter for M&A Returns? [J]. Review of Financial Studies, 2011, 24 (7): 2286 - 2315.

[127] BELLIVEAU M A, O'REILLY C, WADE J B. Social Capital at the Top: Effects of Social Similarity and Status on CEO Compensation [J]. Academy of Management Journal, 1996, 39 (6): 1568 - 1593.

[128] BENSON B W, DAVIDSON W N, DAVIDSON T, et al. Do Busy Directors and CEOs Shirk Their Responsibilities? Evidence from mergers and acquisitions [J]. The Quarterly Review of Economics and Finance, 2015, 55: 1 - 19.

[129] BONAIME A, GULEN H, ION M. Does Policy

Uncertainty Affect Mergers and Acquisitions? [J]. Journal of Financial Economics, 2018, 129 (3): 531 -558.

[130] BREUER W, GHUFRAN B, SALZMANN A J. Investors' Time Preferences and Takeover Performance [J]. International Review of Financial Analysis, 2020, 67: 101435.

[131] BUNDERSON J S, VAN DER VEGT G S, CANTIMUR Y, et al. Different Views of Hierarchy and Why They Matter: Hierarchy as Inequality or as Cascading Influence [J]. The Academy of Management Journal, 2016, 59 (04): 1265 -1289.

[132] CAI J, VIJH A M. Incentive Effects of Stock and Option Holdings of Target and Acquirer CEOs [J]. Journal of Finance, 2007, 62 (4): 1891 -1933.

[133] CAI Y, SEVILIR M. Board Connections and M&A Transactions [J]. Journal of Financial Economics, 2010, 103 (2): 327 -349.

[134] CHATTERJEE S, WERNERFELT B. The Link Between Resources and Type of Diversification: Theory and Evidence [J]. Strategic Management Journal, 1991, 12 (1): 33 -48.

[135] CHEN C, COLLINS D W, KRAVET T D, et al. Financial Statement Comparability and the Efficiency of Acqui-

sition Decisions [J]. Contemporary Accounting Research, 2018, 35 (1): 164 -202.

[136] CHEN F, LIU H, GE Y. How Does Integration Affect Industrial Innovation through Networks in Technology - sourcing Overseas M&A? A comparison between China and the US [J]. Journal of Business Research, 2021, 122 (C): 281 -292.

[137] CHIKH S, FILBIEN J. Acquisitions and CEO Power: Evidence from French Networks [J]. Journal of Corporate Finance, 2011, 17 (5): 1221 -1236.

[138] CHO S Y, ARTHURS J D, TOWNSEND D M, et al. Performance Deviations and Acquisition Premiums: The Impact of CEO Celebrity on Managerial Risk - taking [J]. Strategic Management Journal, 2016, 37 (13): 2677 -2694.

[139] CHRISTOFI M, LEONIDOU E, VRONTIS D. Marketing Research on Mergers and Acquisitions: a Systematic Review and Future Directions. [J]. International Marketing Review, 2017, 34 (5): 629 -651.

[140] COLLINS J D, HOLCOMB T R, TREVISCERTO S, et al. Learning by Doing: Cross - border Mergers and Acquisitions [J]. Journal of Business Research, 2009, 62 (12): 1329 -1334.

[141] CUSTODIO C, METZGER D. How Do CEOs Matter? The Effect of Industry Expertise on Acquisition Returns [J]. The Review of Financial Studies, 2013, 26 (8): 2007 - 2047.

[142] DEVERS C E, MCNAMARA G, HALEBLIAN J, et al. Do They Walk the Talk? Gauging Acquiring CEO and Director Confidence in the Value Creation Potential of Announced Acquisitions [J]. The Academy of Management Journal, 2013, 56 (6): 1679 - 1702.

[143] DHALIWAL D S, LAMOREAUX P T, LITOV L P, et al. Shared Auditors in Mergers and Acquisitions [J]. Journal of Accounting and Economics, 2016, 61 (1): 49 - 76.

[144] DIEFENBACH T, SILLINCE J A A. Formal and Informal Hierarchy in Different Types of Organization [J]. Organization Studies, 2011, 32 (11): 1515 - 1537.

[145] DUCHIN R, SCHMIDT B. Riding the Merger Wave: Uncertainty, Reduced Monitoring, and bad acquisitions [J]. Journal of Financial Economics, 2013, 107 (1): 69 - 88.

[146] ELNAHAS A, HASSAN M K, ISMAIL G M. Religion and Mergers and Acquisitions Contracting: The Case of Earnout Agreements [J]. Journal of Corporate Finance, 2017, 42: 221 - 246.

[147] ESTRIN S, PREVEZER M. The Role of Informal Institutions in Corporate Governance: Brazil, Russia, India, and China Compared [J]. Asia Pacific Journal of Management, 2011, 28 (1): 41 -67.

[148] FACCIO M. Differences between Politically Connected and Nonconnected Firms: A Cross - Country Analysis [J]. Financial Management, 2010, 39 (3): 905 -928.

[149] FALEYE O, TRAHAN E A. Labor - Friendly Corporate Practices: Is What is Good for Employees Good for Shareholders? [J]. Journal of Business Ethics, 2011, 101 (1): 1 -27.

[150] FAMA E, JENSEN M. Agency Problems and Residual Claims [J]. Journal of Law & Economics, 1983, 26 (2): 327 -349.

[151] FIELD L C, MKRTCHYAN A. The Effect of Director Experience on Acquisition Performance [J]. Journal of Financial Economics, 2016, 123 (3): 488 -511.

[152] FIELD L, LOWRY M. Are Busy Boards Detrimental? [J]. Journal of Financial Economics, 2013, 109 (1): 63 -82.

[153] FIRTH M. Takeovers, Shareholder Returns, and the Theory of the Firm [J]. Quarterly Journal of Economics, 1980, 94 (2): 235 -260.

[154] FONG E A, MISANGYI V F, TOSI H L J. The Effect of CEO Pay Deviations on CEO Withdrawal, Firm Size, and Firm Profits [J]. Strategic Management Journal, 2010, 31 (6): 629 -651.

[155] FU F, LIN L, OFFICER M S. Acquisitions Driven by Stock Overvaluation: Are They Good Deals? [J]. Journal of Financial Economics, 2013, 109 (1): 24 -39.

[156] GABRIELSSON J, HUSE M, MINICHILLI A. Understanding the Leadership Role of the Board Chairperson through a Team Production Approach [J]. International Journal of Leadership Studies, 2007, 3 (1): 21 -39.

[157] GHANNAM S, MATOLCSY Z P, SPIROPOULOS H, et al. The Influence of Powerful Non - executive Chairs in Mergers and acquisitions [J]. Journal of Contemporary Accounting & Economics, 2019, 15 (1): 87 -104.

[158] GLAMBOSKY M, JORY S R, NGO T N. The Wealth Effects of Mergers and Acquisitions by Dividend Payers [J]. Quarterly Review of Economics and Finance, 2020, 78: 154 -165.

[159] GRINSTEIN Y, HRIBAR P. CEO Compensation and Incentives: Evidence from M&A Bonuses [J]. Journal of Financial Economics, 2004, 73 (1): 119 -143.

[160] GROYSBERG B, POLZER J T, ELFENBEIN H

A. Too Many Cooks Spoil the Broth: How High Status Individuals Decrease Group Effectiveness [J]. Organization Science, 2016, 22 (03): 722 - 737.

[161] GUO J M, LI L, HU N, et al. Do Managers Keep Their Word? The Disclosure of Merger Intention at Pre - merger Issuance and M&A Performance [J]. Financial Research Letters, 2019, 28: 20 - 31.

[162] GUO J, LI X, SEEGER N C, et al. Social Connections, Reference Point and Acquisition Premium [J]. The British Accounting Review, 2019, 51 (1): 46 - 71.

[163] HALEVY N, CHOU E Y, GALINSKY A D. A functional Model of Hierarchy: Why, How, and When Vertical Differentiation Enhances Group Performance [J]. Organizational Psychology Review, 2011, 1 (1): 32 - 52.

[164] HAMBRICK D C, FINKELSTEIN S, MOONEY A C. Executive Job Demands: New Insights for Explaining Strategic Decisions and Leader Behaviors [J]. Academy of Management Review, 2005, 30 (3): 472 - 491.

[165] HAMBRICK D C. Explaining the Premiums Paid for Large Acquisitions: Evidence of CEO Hubris [J]. Administrative Science Quarterly, 1997, 42 (1): 103 - 127.

[166] HARFORD J, LI K. Decoupling CEO Wealth and Firm Performance: The Case of Acquiring CEOs [J].

The Journal of Finance, 2007, 62 (2): 917 -949.

[167] HAYWARD M, HAMBRICK D. Explaining the Premiums Paid for Large Acquisitions: Evidence of CEO Hubris [J]. Administrative Science Quarterly, 1997, 42 (1): 103 -127.

[168] HE J, HUANG Z. Board Informal Hierarchy and Firm Financial Performance: Exploring a Tacit Structure Guiding Boardroom Interactions [J]. The Academy of Management Journal, 2011, 54 (06): 1119 -1139.

[169] HOGG M. A Social Identity Theory of Leadership [J]. Personality & Social Psychology Review, 2001, 5 (3): 184 -200.

[170] HUSE M. Board - management Relations in Small Firms: The Paradox of Simultaneous Independence and Interdependence [J]. Small Business Economics, 1994, 6 (1): 55 -72.

[171] JEBRAN K, CHEN S, ZHU D H. Board Informal Hierarchy and Stock Price Crash Risk: Theory and Evidence from China [J]. Corporate Governance: An International Review, 2019, 27 (05): 341 -357.

[172] JEGANATHAN D, GHANNAM S, BUGEJA M. Practice Makes Perfect? The Effect of CEO and Director Experience on Acquisition Performance [J]. Accounting &

Finance, 2021, 61 (2): 3781 -3796.

[173] JENSEN M C. Agency Costs of Free Cash Flow, Corporate Finance, and Takeovers [J]. American Economic Review, 1986, 76 (2): 323 -329.

[174] JOHNSON P. Shared Thinking and Interaction in the Family Business Boardroom [J]. Corporate Governance International Journal of Business in Society, 2004, 4 (1): 39 -51.

[175] JOHNSON S, LA PORTA R, LOPEZ - DE - SILANES F, et al. Tunneling [J]. American Economic Review, 2000, 90 (2): 22 -27.

[176] JOHNSON S, SCHNATTERLY K, BOLTON O F, et al. Antecedents of New Director Social Capital [J]. Journal of Management Studies, 2011, 48 (8): 1782 -1803.

[177] JORY S R, NGO T N, WANG D. Credit Ratings and the Premiums Paid in Mergers and Acquisitions [J]. Journal of Empirical Finance, 2016, 39 (A): 93 -104.

[178] KACZMAREK S, KIMINO S, PYE A. Board Task - related Faultlines and Firm Performance: A Decade of Evidence [J]. Corporate Governance: An International Review, 2012, 20 (4): 337 -351.

[179] KARIM S. Modularity in Organizational Structure:

The Reconfiguration of Internally Developed and Acquired Business Units [J]. Strategic Management Journal, 2006, 27 (09): 799 - 823.

[180] KIM E H, SINGAL V. Mergers and Market Power: Evidence From the Airline Industry [J]. The American Economic Review, 1993, 83 (3): 549 - 569.

[181] KING D R, SLOTEGRAAF R J, KESNER I. Performance Implications of Firm Resource Interactions in the Acquisition of R&D - Intensive Firms [J]. Organization Science, 2008, 19 (2): 327 - 340.

[182] KISH - GEPHART J J, CAMPBELL J. You Don't Forget Your Roots: The Influence of CEO Social Class Background on Strategic Risk Taking [J]. The Academy of Management Journal, 2015, 58 (6): 1614 - 1636.

[183] KOLASINSKI A, LI X. Can Strong Boards and Trading Their Own Firm's Stock Help CEOs Make Better Decisions? Evidence from Acquisitions by Overconfident CEOs [J]. Journal of Financial and Quantitative Analysis, 2013, 48 (4): 1173 - 1206.

[184] KRAUSE R, SEMADENI M, WITHERS M C. That Special Someone: When the Board Views its Chair as a Resource [J]. Strategic Management Journal, 2016, 37 (9): 1990 - 2002.

[185] LEBLANC R, GILLIES J. Inside the Boardroom: What Directors, Investors, Managers and Regulators Must Know About Boards of Directors [J]. Mississauga, Ontario: Wiley, 2005.

[186] LEE C M C, LI K K, ZHANG R. Shell Games: The Long – Term Performance of Chinese Reverse – Merger Firms [J]. Accounting Review, 2015, 90 (4): 1547 – 1589.

[187] LI D, TAYLOR L A, WANG W. Inefficiencies and Externalities from Opportunistic Acquirers [J]. Journal of Financial Economics, 2018, 130 (2): 265 – 290.

[188] LI J, HAMBRICK D C. Factional Groups: A New Vantage on Demographic Faultlines, Conflict, and Disintegration in Work Teams [J]. Academy of Management Journal, 2005, 48 (5): 794 – 813.

[189] LI J, LI P, WANG B. Do Cross – border Acquisitions Create Value? Evidence from Overseas Acquisitions by Chinese Firms [J]. International Business Review, 2016, 25 (2): 471 – 483.

[190] LI S, SHAHZADI A, FENG G. Top Executives' Multi – Background and M&A Decisions: Evidence from Chinese – Listed Firms [J]. Emerging Markets Finance and Trade, 2021: 1 – 13.

[191] LIU N, CHEN W. Executives' Overconfidence, Political Connection and Acquisition Premium of Enterprises [J]. Journal of Service Science and Management, 2017, 10 (3): 260-279.

[192] MAGEE J C, GALINSKY A D. Social Hierarchy: The Self-Reinforcing Nature of Power and Status [J]. Academy of Management Annals, 2008, 2 (01): 351-398.

[193] MALMENDIER U, TATE G. Who Makes Acquisitions? CEO Overconfidence and the Market's Reaction [J]. Journal of Financial Economics, 2008, 89 (1): 20-43.

[194] MASULIS R W, MOBBS S. Are All Inside Directors the Same? Evidence from the External Directorship Market [J]. The Journal of Finance, 2011, 66 (3): 823-872.

[195] MCDONALD M L, WESTPHAL J D, GRAEBNER M E. What do They Know? The Effects of Outside Director Acquisition Experience on Firm Acquisition Performance [J]. Strategic Management Journal, 2008, 29 (11): 1155-1177.

[196] MEYER K E, WRIGHT M, PRUTHI S. Managing Knowledge in Foreign Entry Strategies: A Resource-based Analysis [J]. Strategic Management Journal, 2010, 30 (5): 557-574.

[197] MINICHILLI A, ZATTONI A, NIELSEN S, et

al. Board Task Performance: An Exploration of Micro – and Macro – Level Determinants of Board Effectiveness [J]. Journal of Organizational Behavior, 2012, 33 (02): 193 – 215.

[198] NASON R S, WIKLUND J. An Assessment of Resource – based Theorizing on Firm Growth and Suggestions for the Future [J]. Journal of Management, 2018, 44 (1): 32 – 60.

[199] NGUYEN N H, PHAN H V, PHAN H V, et al. Tournament – based Incentives and Mergers and Acquisitions [J]. International Review of Financial Analysis, 2020, 71: 101548.

[200] NOFSINGER J R. Social Mood and Financial Economics [J]. Journal of Behavioral Finance, 2005, 6 (3): 144 – 160.

[201] OEHMICHEN J, BRAUN D, WOLFF M, et al. When Elites Forget Their Duties: The Double – Edged Sword of Prestigious Directors on Boards [J]. Journal of Management Studies, 2017, 54 (7): 1050 – 1078.

[202] QIAN J Q, ZHU J L. Return to Invested Capital and the Performance of Mergers and Acquisitions [J]. Management Science, 2018, 64 (10): 4818 – 4834.

[203] QUIGLEY T J, HAMBRICK D C. When the For-

mer CEO Says on as Board Chair: Effects on Successor Discretion, Strategic Change, and Performance [J]. Strategic Management Journal, 2012, 33 (7): 834 –859.

[204] RHODES – KROPF M, ROBINSON D T, VISWANATHAN S. Valuation Waves and Merger Activity: The Empirical Evidence [J]. Journal of Financial Economics, 2004, 77 (3): 561 –603.

[205] ROLL R. The Hubris Hypothesis of Corporate Takeovers [J]. The Journal of Business, 1986, 59 (02): 437 –467.

[206] SCHMIDT B. Costs and Benefits of Friendly Boards During Mergers and Acquisitions [J]. Journal of Financial Economics, 2015, 117 (2): 424 –447.

[207] SEO J, GAMACHE D L, DEVERS C E, et al. The Role of CEO Relative Standing in Acquisition Behavior and CEO Pay [J]. Strategic Management Journal, 2015, 36 (12): 1877 –1894.

[208] SETH A, SONG K P, PETTIT R R. Value Creation and Destruction in Cross – border Acquisitions: an Empirical Analysis of Foreign Acquisitions of U. S. Firms [J]. Strategic Management Journal, 2002, 23 (10): 921 –940.

[209] SHLEIFER A, VISHNY R W. Management Entrenchment: The Case of Manager – specific Investments

[J]. Journal of Financial Economics, 1989, 25 (1): 123 - 139.

[210] SIMPSON B, WILLER R, RIDGEWAY C L. Status Hierarchies and the Organization of Collective Action [J]. Sociological Theory, 2012, 30 (03): 149 - 166.

[211] TIEDENS L Z, JIMENEZ M C. Assimilation for Affiliation and Contrast for Control: Complementary Self - Construals [J]. Journal of Personality and Social Psychology, 2003, 85 (6): 1049 - 1061.

[212] TOSI H L, WERNER S, KATZ J P, et al. How Much Does Performance Matter? A Meta - analysis of CEO Pay Studies [J]. Journal of Management, 2000, 26 (2): 301 - 339.

[213] VELTROP D B, MOLLEMAN E, HOOGHIEMSTRA R B H, et al. Who's the Boss at the Top? A Micro - level Analysis of Director Expertise, Status and Conformity within Boards [J]. Journal of Management Studies, 2017, 54 (07): 1079 - 1110.

[214] WAN W P, YIU D W. From Crisis to Opportunity: Environmental Jolt, Corporate Acquisitions, and Firm Performance [J]. Strategic Management Journal, 2009, 30 (07): 791 - 801.

[215] WANG C, XIE F, ZHU M. Industry Expertise of

Independent Directors and Board Monitoring [J]. Journal of Financial and Quantitative Analysis, 2015, 50 (5): 929 - 962.

[216] WANG L H, ZAJAC E J. Alliance or Acquisition? A Dyadic Perspective on Interfirm Resource Combinations [J]. Strategic Management Journal, 2007, 28 (13): 1291 - 1317.

[217] WANG W, WU Y. Managerial Control Benefits and Takeover Market Efficiency [J]. Journal of Financial Economics, 2020, 136 (3): 857 - 878.

[218] WERNERFELT B. The Use of Resources in Resource Acquisition [J]. Journal of Management, 2011, 37 (5SI): 1369 - 1373.

[219] ZHOU B, DUTTA S, ZHU P. CEO Tenure and Mergers and Acquisitions [J]. Finance Research Letters, 2020, 34: 101277.

[220] ZHU H, YOSHIKAWA T. Contingent Value of Director Identification: The Role of Government Directors in Monitoring and Resource Provision in an Emerging Economy [J]. Strategic Management Journal, 2016, 37 (8): 1787 - 1807.